Detlef Soost

Schlank MIT KUCHEN, TORTEN UND GEBÄCK

Genussvoll abnehmen
mit süßen und
herzhaften Leckereien

Inhalt

Naschen — aber gesund!

Wer kennt es nicht? Diese große Lust und den unsagbaren Appetit auf etwas Süßes! Aber wenn man darüber nachdenkt, wie viele Kalorien ein Stückchen Kuchen hat – selbst die ganz alltäglichen, wie Apfelkuchen, Cheesecake, Brownie oder einfache Muffins – überlegt man es sich doch lieber zweimal, ob es das wirklich wert ist, zu sündigen. Allerdings sollte man sich niemals alles verbieten, denn Verbotenes wird immer interessanter und der Heißhunger wächst und wächst ...

In diesem Buch habe ich beliebte Kuchenklassiker in eine diättaugliche Alternative verwandelt. Mit fettreduzierten Milchprodukten, Zuckeralternativen und anderen gesünderen Lebensmitteln, die es mittlerweile in jedem gut sortierten Supermarkt zu kaufen gibt. Mit ein paar kleinen Tricks lassen sich so schnell viele Kalorien einsparen – ohne ganz auf Süßes verzichten zu müssen!

Inspiriert dazu hat mich meine Teilnahme beim großen Promibacken im Jahr 2022. Zwei Rezepte aus der Show findest du sogar hier im Buch: einmal die Monstertorte auf Seite 90 und die Drip Cake auf Seite 93. Das waren mal echt Kalorienbomen, sind aber jetzt leicht und trotzdem unfassbar lecker.

Natürlich, und das sollte jedem bewusst sein, wird man am Ende nicht das gewohnte Stück Kuchen auf dem Teller liegen haben. Konsistenz und Geschmack verändern sich bei der Verwendung anderer Produkte wie Halbfettmargarine, stark entöltem Kakaopulver, Erythrit und weniger Ei. Aber lecker sind die Backwerke selbstverständlich trotzdem alle! Und wir können sie ganz ohne schlechtes Gewissen genießen.

DIE GRUNDIDEE, UM DEUTLICH KALORIEN EINZUSPAREN

- Frischkäse, Quark und Joghurt durch Produkte mit max. 0,4 % Fett ersetzen. Dabei sind Frischkäse oder Skyr die kalorienärmeren Alternativen.

- Milch durch die fettarme Variante mit nur 0,3 % Fett ersetzen und teilweise wie beim Milchreis die eigentliche Milchmenge durch halb Milch, halb Wasser ersetzen.

- Sahne durch fettreduzierte Varianten mit 19 % Fett ersetzen. Bestenfalls – wenn möglich – weglassen.

- Fast sämtliches Backfett durch Halbfettmargarine ersetzen. Auch Buttercreme wird mit Halbfettmagarine gemacht.

- Die Zuckermenge so weit wie möglich extrem reduzieren. Teilweise durch kalorienfreie Produkte ersetzen. Mehr zur Zuckeralternative meiner Wahl auf Seite 8.

- Die Mehlmenge reduzieren. Das kann man teilweise durch Mandel- oder Haselnussmehl machen. Auch durch geschmacksneutrales Proteinpulver kann Mehl ersetzt werden.

- Von Schokolade und Kuvertüre immer die Zartbitter-Variante verwenden, da sie von Haus aus weniger Zucker enthält. In gut sortierten Supermärkten und Online Shops gibt es auch Schokolade ohne Zucker.

- Marmelade und Obst aus der Dose oder dem Glas (z. B. von Natreen) verwenden. Unbedingt darauf achten, dass kein extra Zucker zugesetzt ist.

- Puddingpulver verwende ich gerne von Natreen, da dieses Carrageen zum Binden verwendet, und nicht wie herkömmliches Puddingpulver Stärke.

- Natron wird zusätzlich zum Backpulver verwendet, da es bei Milchsäure-Produkten wie Joghurt besser treibt.

- Kalorienfreier Ahornsirup (und andere kalorienfreie Sirupe) kann man sich einfach online bestellen. Es gibt sehr viele Anbieter und die verschiedensten Geschmacksrichtungen.

- Proteinpulver eignet sich sehr gut zum Backen, da es nicht nur eiweißhaltig ist, sondern einen Teil des Mehls ersetzen kann. Am besten verwendet man neutrales Proteinpulver oder Backprotein, das online leicht erhältlich ist.

- Flavour Drops: Wie viele Tropfen man für ein Rezept nimmt, ist Geschmackssache. Manchen reichen 4 Tropfen, andere nehmen mehr als 10. Einfach ausprobieren.

DIE ZUCKERALTERNATIVE IN MEINEN REZEPTEN

- Erythrit ist meine Zuckeralternative der Wahl. Es hat allerdings nur eine Süßkraft von 60 % des herkömmlichen Haushaltszuckers und keinen Eigengeschmack. Wer möchte, kann mit Stevia oder Streusüße die fehlenden 40 % Süße ausgleichen. Xylit (oder Birkenzucker) kommt für mich nicht in Frage, da es für Tiere wie Hund und Katze tödlich ist. Das sollte meiner Meinung nach unbedingt bei der Wahl des Zuckeraustauschstoffes beachtet werden! Achtung: Zuckeralternativen können alle eine abführende Nebenwirkung haben – also immer in Maßen genießen.

- Erythrit Bronze ist brauner Rohrzuckerersatz. Er kann gut für Gebäck verwendet werden und gibt ihm eine besondere, karamellige Note.

- Erythrit sollte beim Backen IMMER als Puder verwendet werden. Körniges Erythrit hat die Eigenheit, dass es, wenn das Gebäck abkühlt, wieder kristallisiert, und somit das Gebäckstück fest und knusprig macht, und außerdem unschöne Punkte an der Oberfläche zu sehen sind.

- Erythrit und rote oder rosafarbene Lebensmittel vertragen sich nicht sonderlich gut. Es tut zwar dem Geschmack keinen Abbruch, aber der Teig verfärbt sich innerhalb von ein paar Stunden grünlich. Wenn Gäste kommen, empfiehlt es sich also, ganz frisch zu backen.

- Wer kein Erythrit verwenden möchte, kann auch Kokosblütenzucker benutzen. Es ist zwar nicht kalorienfrei, hat aber ein sehr besonderes Aroma, weshalb eine geringere Zuckermenge ausreicht. Das spart letztendlich viele Kalorien.

ALLGEMEINE TIPPS ZUM BACKEN

• Für Muffins unbedingt Silikonbackformen verwenden! Durch das Einsparen an Fett lassen sie sich etwas schwieriger aus den Papierförmchen lösen. In einem herkömmlichen Muffinblech wird zum Einfetten des Randes zusätzlich Fett benötigt – und das können wir uns doch sparen!

• Eier und Margarine immer bei Zimmertemperatur verarbeiten. Wenn die Butter oder Margarine doch mal kalt sein müssen für das Rezept, ist das jeweils angegeben.

• Alle Rezepte werden bei Ober-/Unterhitze gebacken. Wer mit Umluft backen möchte, muss die Backofentemperatur um je 20 °C reduzieren. Die Temperaturen für beide Möglichkeiten sind jeweils bei den Rezepten angegeben.

• Alle Teige – außer Hefeteig – immer nur kurz verrühren, sodass gerade ein gebundener Teig entsteht. Sonst wird der Kuchen fest und »knatschig«.

• Bei Rezepten mit Mineralwasser habe ich immer Wasser verwendet, das viel Kohlensäure enthält. Das macht die Kuchen fluffiger.

• Um zu testen, ob ein Kuchen oder Muffin fertig gebacken ist, macht man eine Stäbchenprobe. Bleibt an einem in den Kuchen gesteckten Stäbchen kein Teig mehr haften, ist der Kuchen fertig.

Zu jedem Rezept findest du ausführliche Nährwertangaben. Diese gelten immer pro Stück oder pro Portion.

KCAL steht für Kilokalorien, KH für Kohlenhydrate, P für Proteine und F für Fett.

Fruchtkuchen

Pfirsichtaler

NÄHRWERTE: KCAL: 361,6 | KH: 46,1 G | P: 13,9 G | F: 13,0 G

ZUTATEN FÜR 5 STÜCK

Für den Hefeteig

170 g Mehl

30 g geschmacksneutrales
   Proteinpulver

40 g Haselnussmehl

1 TL Trockenhefe

1 Prise Salz

45 g weiche Halbfett-
   margarine (39 % Fett)

1 TL Vanille-Extrakt

1 Eigelb

1 Ei (Größe M)

Für die Füllung

250 g Speisequark
   (Magerstufe, 0,2 % Fett)

80 g Erythrit-Puder

½ Pck. Vanillepuddingpulver

½ TL Vanille-Extrakt

½ TL Zimt

Für den Belag

5 Pfirsichhälften (aus der
   Dose, ohne Zuckerzusatz)

Für den Guss

½ Pck. Tortenguss

125 ml Pfirsichsaft

etwas gem. Zimt

2 EL gehackte Haselnüsse

1. Mehl, Proteinpulver, Haselnussmehl, Trockenhefe und Salz für den Hefeteig verrühren. Margarine, Vanille-Extrakt, Eigelb, Ei und 160 ml handwarmes Wasser hinzufügen und alles mit den Knethaken des Handrührgeräts 5 Minuten zu einem geschmeidigen Teig kneten. Mit einem Geschirrtuch abdecken und an einem warmen Ort 70 Minuten gehen lassen.

2. Für die Füllung ein Sieb mit einem sauberen Küchentuch auslegen. 200 g Quark hineingeben, das Tuch über dem Quark zusammendrehen und solange ausdrücken, bis keine Flüssigkeit mehr aus dem Quark kommt. Mit dem restlichen Quark, Erythrit-Pulver, Puddingpulver, Vanille-Extrakt und Zimt verrühren.

3. Den Backofen auf 180 °C Ober-/ Unterhitze (160 °C Umluft) vorheizen. Den Teig auf einer leicht bemehlten Arbeitsfläche durchkneten und in 5 gleich große Portionen teilen. Diese zu Kugeln formen, dann zu Talern flachdrücken und einen Rand formen. Auf ein mit Backpapier ausgelegtes Blech setzen.

4. Die Quarkmasse gleichmäßig auf den Talern verteilen. Die Pfirsichhälften abgießen und in Scheiben schneiden. Auf die Quarkfüllung setzen und dabei mit den Händen vorsichtig etwas auseinanderziehen.

5. Im vorgeheizten Ofen etwa 25 Minuten backen. Aus dem Ofen nehmen und auf einem Kuchengitter auskühlen lassen. Den Tortenguss (nach Packungsanleitung) mit etwa 3–4 EL Saft glattrühren, den übrigen Saft zum Kochen bringen. Vom Herd nehmen, den angerührten Saft hinzugeben und unter Rühren nochmals aufkochen. Kurz abkühlen lassen und über die Pfirsiche geben. Mit Zimt und Haselnusskernen bestreuen.

Fruchtige Biskuitrolle

NÄHRWERTE: KCAL: 148,1 | KH: 24,2 G | P: 4,0 G | F: 3,5G

ZUTATEN FÜR 9 STÜCK

Für den Biskuitteig

3 Eier (Größe M)

1 TL Vanille-Extrakt

100 g Erythrit-Puder plus
   mehr zum Bestäuben

50 g Weizenmehl

30 g Speisestärke

Für die Füllung

200 g Speisequark
   (Magerstufe, 0,2 % Fett)

200 g Skyr

70 g Erythrit-Puder

250 g Himbeeren

Saft und abgeriebene
   Schale von 1 Bio-Zitrone

4 Blatt Gelatine

1. Den Backofen auf 180 °C Ober-/ Unterhitze (Umluft 160 °C) vorheizen.

2. Eier, Vanille-Extrakt und Erythrit-Puder mit den Schneebesen des Handrührgeräts 5–6 Minuten schaumig weiß aufschlagen. Mehl und Speisestärke auf die Eimasse sieben und vorsichtig unterheben. Auf ein mit Backpapier ausgelegtes Backblech gießen und glattstreichen. Im vorgeheizten Backofen etwa 12–14 Minuten backen.

3. In der Zwischenzeit ein sauberes Geschirrtuch mit Erythrit-Puder bestäuben, sodass es gleichmäßig bedeckt ist. Den gebackenen Biskuit auf das Tuch stürzen, das Backpapier entfernen und sofort von der kurzen Seite her aufrollen. In das Geschirrtuch gewickelt 45 Minuten auskühlen lassen.

4. Für die Füllung Quark, Skyr, Erythrit-Puder, 125 g Himbeeren sowie Zitronensaft und -schale mit dem Schneebesen verrühren. Gelatine 5 Minuten in kaltem Wasser einweichen und anschließend gut ausdrücken. In einem kleinen Topf langsam schmelzen. Den Herd ausschalten und den Topf auf der warmen Platte stehen lassen. Einen Esslöffel der Füllung dazugeben und glattrühren. Einen weiteren Esslöffel dazu und wieder gut verrühren. Nun die gesamte Gelatine-Masse zur Quarkmasse geben und dabei ununterbrochen mit den Schneebesen des Handrührgeräts rühren, damit die Gelatine gleichmäßig verteilt wird.

5. Wenn die Masse fast fest geliert ist, den Biskuit wieder ausrollen und mit der kurzen, eng gerollten Seite nach vorne auf die Arbeitsfläche legen. Mit der Hälfte der Füllung bestreichen, dabei an der hinteren kurzen Seite etwa 5 cm freilassen.

6. Einige frische, ganze Himbeeren auf die Füllung an der vorderen Kante legen (liegt nach dem Aufrollen innen) und den Biskuit mithilfe des Tuchs wieder einrollen. In das Tuch gewickelt im Kühlschrank etwa 30 Minuten festwerden lassen.

7. Aus dem Kühlschrank nehmen und aus dem Tuch wickeln. Mit der offenen Seite nach unten auf ein Brett oder einen Teller setzen und mit der restlichen Creme bestreichen. Nach Belieben mit den restlichen Beeren dekorieren.

Mango-Frischkäse-Kuchen

NÄHRWERTE: KCAL: 235,6 | KH: 31,3 G | P: 7,0 G | F: 8,8 G

. . . .

ZUTATEN FÜR
1 GUGELHUPFFORM
(Ø 18 CM)

Für den Grundteig

1 Ei (Größe M)

100 g Erythrit-Puder

60 g weiche Halbfett-
   margarine (39 % Fett)

1 TL Vanille-Extrakt

120 ml Mangosaft
   ohne Zuckerzusatz

250 g Weizenmehl

½ Pck. Backpulver

Für den Mangoteig

120 g Frischkäse (0,2 % Fett)

1 Ei (Größe M)

40 g Erythrit-Puder

1 EL Vanillepuddingpulver

70 g Mangoscheiben
   (aus der Dose)

Für die Glasur

70 g weiße Schokolade
   ohne Zucker

10 g festes Kokosfett

bunte Nonpareilles

etwas Vollfettbutter
   zum Einfetten

1. Den Backofen auf 180 °C Ober-/ Unterhitze (Umluft 160 °C) vorheizen. Die Gugelhupfform mit Vollfettbutter einfetten.

2. Für den Grundteig Ei, Erythrit-Puder und Margarine mit den Schneebesen des Handrührgeräts schaumig rühren. Vanille-Extrakt und Mangosaft unterrühren. Mehl und Backpulver vermischen und alles kurz zu einem lockeren Teig rühren. Wenn der Teig zu lange gerührt wird, wird er fest und geht beim Backen nicht mehr auf. Die Hälfte des Teigs in die vorbereitete Form geben.

3. Frischkäse, Ei, Erythrit-Puder und Vanillepuddingpulver miteinander glattrühren. Die Mangoscheiben abgießen, in Würfel schneiden und unter die Masse heben. Die Frischkäse-Masse in die Form füllen und den restlichen Teig darauf geben. Im vorgeheizten Backofen etwa 55–60 Minuten backen. Aus dem Ofen nehmen und in der Form komplett auskühlen lassen. Auf eine Torten-platte setzen.

4. Für die Glasur Schokolade und Kokosfett über einem Wasserbad schmelzen, über den Gugelhupf geben und mit Nonpareilles dekorieren.

Orangen-Käsekuchen ohne Boden

NÄHRWERTE: KCAL: 83,2 | KH: 9,7 G | P: 8,7 G | F: 1,1 G

ZUTATEN FÜR 1 SPRINGFORM (Ø 18 CM)

Für die Käsemasse

350 g Speisequark
   (Magerstufe, 0,2 % Fett)
200 g Frischkäse (0,2 % Fett)
1 Pck. Vanillepudding-
   pulver (z. B. Natreen)
1 Ei (Größe M)
70 g Erythrit-Puder
Saft und geriebene Schale
   von 1 Bio-Orange

Für den Guss

100 ml Orangensaft
   ohne Zuckerzusatz
½ Pck. klarer Tortenguss

1. Den Backofen auf 180 °C Ober-/ Unterhitze (Umluft 160 °C) vorheizen.

2. Die Springform mit Backpapier auslegen. Alle Zutaten für die Käsemasse mit den Schneebesen des Handrühr- geräts zu einer glatten Creme verrühren. In die Form füllen, glatt streichen und etwa 40 Minuten backen. Aus dem Ofen nehmen und in der Form komplett auskühlen lassen.

3. Für den Guss Orangensaft und Tortenguss glatt rühren und in einem kleinen Topf aufkochen lassen. Über den Kuchen gießen. Den Guss abkühlen lassen und erst dann den Kuchen aus der Form lösen.

Omas Apfelkuchen

NÄHRWERTE: KCAL: 164,3 | KH: 23,5 G | P: 3,3 G | F: 5,9 G

ZUTATEN FÜR 1 SPRINGFORM (Ø 18 CM)

Für den Belag

3 säuerliche Äpfel (z. B. Boskop)
1 TL Zitronensaft
5 EL kalorienfreier Ahornsirup
1 TL Zimt
2 EL Rosinen
1 gehäufter EL Vanillepudding-
   pulver (z. B. Natreen)

Für den Mürbeteig

20 g kalte Halbfettmargarine
   (39 % Fett)
30 g Vollfettbutter
80 g Erythrit-Puder
150 g Weizenmehl
1 Ei (Größe M)
½ TL Vanille-Extrakt
1 Eigelb zum Bestreichen

1. Den Backofen auf 180 °C Ober-/ Unterhitze (Umluft 160 °C) vorheizen.

2. Die Springform mit Backpapier auslegen. Die Äpfel schälen, Kerngehäuse entfernen und in dünne (etwa 3 mm dicke) Scheiben schneiden. Zusammen mit Zitronensaft, Ahornsirup, Zimt und Rosinen in einen kleinen Topf geben und zum Kochen bringen. 3–4 Minuten köcheln lassen. Puddingpulver mit 50 ml Wasser glattrühren und unter die Apfelmasse rühren. Abkühlen lassen.

3. Alle Zutaten für den Mürbeteig kurz verkneten und den Teig halbieren. Eine Hälfte nochmals halbieren. Das erste Viertel für den Boden ausrollen und in die Springform legen. Das zweite Viertel zu einer Rolle formen, an den Rand der Form legen und zu einem etwa 4 cm hohen Rand andrücken. Mit einer Gabel ringsherum mehrfach einstechen. Die Apfelmasse einfüllen und die Apfelscheiben so verteilen, dass alle flach auf dem Teig liegen.

4. Den restlichen Teig auf der leicht bemehlten Arbeitsfläche dünn ausrollen und in 2 cm breite Streifen schneiden. Diese auf der Arbeitsfläche zu einer Platte weben und auf die Größe der Springform zurechtschneiden. Mithilfe eines Pfannenwenders auf die Apfelfüllung setzen, den Rand etwas festdrücken.

5. Eigelb und 12 EL Wasser verquirlen und das Teiggitter damit bestreichen. Etwa 35 Minuten backen. Aus dem Ofen nehmen und in der Form komplett auskühlen lassen.

Skyr-Kuchen mit Kirschen

NÄHRWERTE: KCAL: 195,4 | KH: 19,1 G | P: 12,3 G | F: 7,8 G

ZUTATEN FÜR 1 SPRINGFORM (Ø 22 CM)

Für den Boden

25 g Vollfettbutter

80 g weiße Schokolade ohne Zucker

130 g Müsli oder Porridge ohne Zuckerzusatz

Für die Creme

750 g Skyr

200 g Erythrit-Puder

Saft von 1 Zitrone

Flavour Drops Cheesecake (nach Belieben)

5 Blatt Gelatine

300 g Kirschen (im Glas, entsteint und ohne Zuckerzusatz)

Für das Topping

50 g Erythrit-Puder

20 g Porridge oder Müsli ohne Zuckerzusatz

1 Msp. Zimt

1. Den Boden der Springform mit Backpapier auslegen. Für den Boden Butter und Schokolade über dem warmen Wasserbad schmelzen. Mit Müsli oder Porridge gut vermischen, in die Form geben und leicht andrücken. Für etwa 30 Minuten in den Kühlschrank stellen.

2. Für die Creme Skyr, Erythrit-Puder, Zitronensaft und Flavour Drops glattrühren. Gelatine etwa 5 Minuten in kaltem Wasser einweichen und ausdrücken. In einem kleinen Topf langsam schmelzen. Den Herd ausschalten und den Topf auf der Platte stehen lassen. Einen Esslöffel der Skyr-Creme dazugeben und glattrühren. Einen weiteren Esslöffel sorgfältig unterrühren. Nun die Gelatine-Masse zur Skyr-Füllung geben und dabei ununterbrochen mit den Schneebesen des Handrührgeräts rühren, damit die Gelatine gleichmäßig verteilt wird.

3. Etwas Füllung auf den gekühlten Boden geben. Kirschen abgießen und auf der Füllung verteilen, die restliche Creme darauf geben und glattstreichen. Mindestens 5 Stunden im Kühlschrank gelieren und fest werden lassen.

4. Für das Topping Erythrit-Puder in einer beschichteten Pfanne schmelzen lassen. Müsli oder Porridge und Zimt dazugeben. Alles unter Rühren kurz erhitzen. Auf einen Teller o. Ä. geben, fest werden und abkühlen lassen. Auf den Kuchen streuen.

Mandarinen-Quark-Kuchen

NÄHRWERTE: KCAL: 160,4 | KH: 9,1 G | P: 12,3 G | F: 3,6 G

ZUTATEN FÜR 1 BACKFORM ODER 1 BLECH (30 × 40 CM)

Für den Boden

170 g Weizenmehl

50 g gem. Mandeln

½ Pck. Backpulver

2 Eier (Größe M)

100 g Erythrit-Puder

100 g Speisequark
   (Magerstufe, 0,2 % Fett)

50 ml Buttermilch

1 Pck. Zitronenschalen-Aroma

1 TL Vanille-Extrakt

Für die Creme

400 g Mandarinen (in der
   Dose, ohne Zuckerzusatz)

600 g Speisequark
   (Magerstufe, 0,2 % Fett)

200 g Sykr

50 g Erythrit-Puder

1 Ei (Größe M)

½ TL Flavour Drops
   Cheesecake

1 Pck. Vanillepudding-
   pulver (z. B. Natreen)

1. Den Backofen auf 180 °C Ober-/Unterhitze (Umluft 160 °C) vorheizen. Die Backform oder das Blech mit Backpapier belegen.

2. Alle Zutaten für den Teig mit den Schneebesen des Handrührgeräts kurz glattrühren. In die Backform füllen und glattstreichen.

3. Mandarinen abtropfen lassen. Quark, Skyr, Erythrit-Puder, Ei und Flavour Drops glattrühren. Puddingpulver unterrühren und alles auf den Teig streichen. Mandarinen darauf verteilen und etwa 35 Minuten backen.

Fruchtkuchen vom Blech

NÄHRWERTE: KCAL: 175,4 | KH: 27,5 G | P: 4,6 G | F: 4,7 G

ZUTATEN FÜR 1 BACKFORM (30 × 20 CM)

Für den Teig

80 g weiche Halbfett-
   margarine (39 % Fett)
150 g Erythrit-Puder
1 Ei (Größe M)
200 g Apfelmark
300 g Mehl
½ Pck. Backpulver
1 EL Orangenschalen-Aroma
1 TL Vanille-Extrakt
80 ml Mineralwasser
   (mit viel Kohlensäure)

Für den Obstbelag

100 g Kirschen (im Glas,
   entsteint und ohne
   Zuckerzusatz), abgetropft
60 g Heidelbeeren
1 großer Apfel (z. B.
   Boskop), gewaschen,
   entkernt, geschnitten
30 g Erythrit Bronze
35 g gehobelte Mandeln

1. Den Backofen auf 180 °C Ober-/ Unterhitze (Umluft 160 °C) vorheizen. Die Form mit Backpapier belegen.

2. Margarine und Erythrit-Puder verrühren, anschließend Ei und Apfelmark dazugeben. Mehl, Backpulver, Orangenschalen-Aroma und Vanille-Extrakt vermischen. Zusammen mit dem Mineralwasser zur Margarinemasse geben und kurz zu einem glatten Teig rühren. In die Form geben und glattstreichen.

3. Kirschen abtropfen lassen. Heidelbeeren verlesen, waschen und trocken tupfen. Apfel waschen, Kerngehäuse entfernen und in dünne Scheiben schneiden. Die Früchte auf dem Kuchen verteilen und etwas andrücken. Die Mandeln zusammen mit der Hälfte des Erythrits über dem Kuchen verteilen. Etwa 40 Minuten backen. Auskühlen lassen und mit dem restlichen Erythrit Bronze bestreuen.

No-bake-Erdbeer-Käsekuchen

NÄHRWERTE: KCAL: 191,6 | KH: 24,2 G | P: 6,4 G | F: 8,1 G

ZUTATEN FÜR 1 TARTEFORM (36 × 15 CM)

Für den Boden
250 g zuckerfreie Butterkekse

80 g Halbfettmargarine (39 % Fett)

Für die Creme
200 ml Milch (0,3 % Fett)

1 Pck. Vanillepudding-pulver (z. B. Natreen)

½ TL Vanille-Extrakt

60 g Erythrit-Puder

300 g Speisequark (Magerstufe, 0,2 % Fett)

150 g Erdbeerfruchtaufstrich ohne Zucker

1 EL gehackte Pistazien

1. Kekse in einen Gefrierbeutel geben, gut verschließen und mit einem Rollholz mahlen. Die Krümel in eine Schüssel geben, nach Belieben ein paar für die Dekoration beiseitestellen.

2. Margarine schmelzen und mit den Keksbröseln vermischen. In die Tarteform geben, Boden und Rand fest andrücken. 30 Minuten im Kühlschrank fest werden lassen.

3. Von der Milch 6 EL abnehmen und mit Puddingpulver, Vanille-Extrakt und Erythrit-Puder glatt rühren. Die restliche Milch mit 200 ml Wasser aufkochen, vom Herd nehmen und das Puddingpulver unterrühren. Nochmals kurz aufkochen. Kurz abkühlen lassen. Dann den Quark unter den noch warmen Pudding rühren und die Creme auf dem Keksboden verteilen.

4. Einige Kleckse Fruchtaufstrich auf die Creme geben und marmorieren: dazu eine Gabel spiralförmig durch die Creme ziehen. Etwa 3 Stunden im Kühlschrank festwerden lassen. Mit Pistazien und nach Belieben mit ein paar Kekskrümeln dekorieren.

Kokoskuchen

NÄHRWERTE: KCAL: 210,0 | KH: 17,4 G | P: 3,9 G | F: 13,1 G

**ZUTATEN FÜR
1 SPRINGFORM
(Ø 18 CM)**

Für den Teig

2 Eier (Größe M)

30 g Kokosblütenzucker

50 g Erythrit-Puder

*80 g weiche Halbfett-
    margarine (39 % Fett)*

1 TL Vanille-Extrakt

130 g Mehl

½ Pck. Backpulver

*90 g Kokosraspel +
    1 EL zum Bestreuen*

*5 EL fettreduzierte Sahne
    (19 % Fett) zum Kochen*

1. Den Backofen auf 175 °C Ober-/ Unterhitze (Umluft 155 °C) vorheizen.

2. Den Boden der Springform mit Backpapier auslegen, den Rand mit etwas Margarine einfetten. Eier, Zucker und Erythrit-Puder mit den Schneebesen des Handrührgeräts cremig aufschlagen. Margarine und Vanille-Extrakt dazugeben und unterrühren.

3. Mehl, Backpulver und Kokosraspeln mischen und unter die flüssigen Zutaten rühren, dabei die Sahne löffelweise dazugeben. Nur kurz rühren, damit der Teig nicht zu fest wird und nicht mehr aufgeht.

4. In die Springform füllen. Mit Kokosraspeln bestreuen und etwa 35 Minuten backen. Stäbchenprobe machen, um zu sehen, ob der Kuchen fertig ist. Bleibt an dem hineingesteckten Stäbchen kein Teig mehr haften, aus dem Ofen nehmen und in der Form auskühlen lassen.

Apfel-Streusel-Kuchen

NÄHRWERTE: KCAL: 141,8 | KH: 23,0 G | P: 3,7 G | F: 3,4 G

ZUTATEN FÜR 1 SPRINGFORM (Ø 22 CM)

Für den Teig
2 Eier (Größe M)

150 g Puder-Erythrit

100 g Apfel-Bananenmark (ohne Zuckerzusatz)

1 TL Vanille-Extrakt

1 TL Zimt

150 g Mehl

½ Pck. Backpulver

50 ml kalorienfreier Ahornsirup

3 säuerliche Äpfel

Für die Streusel
75 g Mehl

10 g gem. Haselnüsse

50 Erythrit Bronze

40 g Halbfettmargarine (39 % Fett)

2 TL gehobelte Haselnüsse

1. Den Backofen auf 180 °C Ober-/ Unterhitze (Umluft 160 °C) vorheizen.

2. Die Form mit Backpapier auslegen. Eier und Erythrit-Puder mit den Schneebesen des Handrührgeräts hell-cremig rühren. Apfelmark, Vanille-Extrakt und Zimt unterrühren. Mehl und Backpulver mischen und zusammen mit dem Ahornsirup unter die feuchten Zutaten heben. Den Teig in die Springform geben.

3. Äpfel waschen, schälen, vierteln, Kerngehäuse entfernen und in dünne Spalten schneiden. Dabei die Spalten nicht ganz durchschneiden, sodass das Apfelviertel zusammen bleibt. Die Viertel auf den Teig setzen und leicht hinein-drücken.

4. Für die Streusel Mehl, gemahlene Haselnüsse und Erythrit Bronze vermischen. Margarine in Stückchen darauf setzen und zu Streuseln verkneten. Auf dem Teig verteilen. Mit den gehobelten Haselnüssen bestreuen und etwa 38–40 Minuten backen.

Ananas-upside-down-Kuchen

NÄHRWERTE: KCAL: 111,8 | KH: 16,0 G | P: 2,8 G | F: 3,8 G

ZUTATEN FÜR 1 SPRINGFORM (Ø 22 CM)

Für den Teig

2 Eier (Größe M)

90 g Erythrit-Puder

3 EL Apfel-Bananenmark (ohne Zuckerzusatz)

100 g saure Sahne

1 TL Orangenschalen-Aroma

½ TL Vanille-Extrakt

130 g Mehl

25 g Kokosflocken

1 TL Natron

½ TL Backpulver

Für den Belag

6 Scheiben Ananas (aus der Dose, ohne Zuckerzusatz)

200 ml fertige Karamellsauce (ohne Zucker)

1. Den Backofen auf 180 °C Ober-/ Unterhitze (Umluft 160 °C) vorheizen.

2. Die Springform komplett mit Backpapier auslegen: Dafür das Papier an den Seiten nach oben falten, es darf keine Lücke entstehen, sonst läuft der Sirup aus. Für den Teig Eier und Erythrit-Puder mit den Schneebesen des Handrührgeräts dick-schaumig rühren. Apfelmark, saure Sahne und Aromen unterrühren. Mehl mit Kokos, Natron und Backpulver mischen und unterheben.

3. 150 g Karamellsirup in die Springform gießen. Die Ananasscheiben abtropfen lassen und auf dem Sirup verteilen. Teig darauf geben und etwa 40 Minuten backen. Aus dem Ofen nehmen, etwa 30 Minuten auskühlen lassen und dann stürzen. Kurz vor dem Servieren mit dem restlichen Sirup begießen.

Stachelbeer-Pudding-Kuchen

NÄHRWERTE: KCAL: 166,0 | KH: 23,1 G | P: 4,6 G | F: 5,8 G

ZUTATEN FÜR 1 SPRINGFORM (Ø 18 CM)

Für den Kuchen

125 g Speisequark
(Magerstufe, 0,2 % Fett)
30 ml Sonnenblumenöl
130 g Mehl
½ Pck. Backpulver
50 ml Mineralwasser
(mit viel Kohlensäure)

Für die Creme

100 ml Milch (0,3 % Fett)
1 Pck. Vanillepudding-
pulver (z. B. Natreen)
2 EL Erythrit-Puder
150 ml Stachelbeersaft
40 g weiße Schokolade
(ohne Zucker)
200 g Stachelbeeren
(im Glas, ohne Zuckerzusatz)

Für die Deko

1 EL weiße Schokolade
(ohne Zucker)

1. Den Backofen auf 180 °C Ober-/ Unterhitze (Umluft 160 °C) vorheizen.

2. Die Springform mit Backpapier auslegen. Für den Teig alle Zutaten mit den Schneebesen des Handrührgeräts glattrühren. In die Springform füllen, glattstreichen und etwa 30–35 Minuten backen. Stäbchenprobe machen: Steckt an einem hineingesteckten Holzspieß kein Teig mehr, ist der Kuchen fertig. Vom Rand lösen, Rand aber um den Kuchen lassen.

3. Für die Creme von der Milch 6 EL abnehmen und mit Puddingpulver und Erythrit-Puder glatt rühren. Die restliche Milch mit dem Stachelbeersaft und 150 ml Wasser aufkochen, vom Herd nehmen und das Puddingpulver unterrühren. Nochmals kurz aufkochen. Die Schokolade unter den warmen Pudding rühren, bis sie geschmolzen ist. Kurz abkühlen lassen.

4. Die Stachelbeeren abgießen und unter den Pudding rühren. Diesen dann als kleine Kuppel auf den Kuchen geben. Die weiße Schokolade für die Dekoration raspeln und den Kuchen damit bestreuen.

Buttermilch-Zitronencreme-Tarte

NÄHRWERTE: KCAL: 113,7 | KH: 8,9 G | P: 5,7 G | F: 6,0 G

. . . .

ZUTATEN FÜR 1 TARTEFORM (Ø 24 CM)

Für den Mürbeteig

100 g Weizenmehl

50 g gem. Mandeln

70 g Erythrit-Puder

1 Eigelb

1 Prise Zucker

½ TL Vanille-Extrakt

25 g kalte Vollfettbutter

25 g kalte Halbfettmargarine (39 % Fett)

Für die Creme

5 Blatt Gelatine

500 ml Buttermilch

Saft und abgeriebene Schale von 2 Bio-Zitronen

100 g fettarmer, griechischer Joghurt (0,2 % Fett)

40 g Erythrit-Puder

Für die Dekoration

100 g Speisequark (Magerstufe, 0,2 % Fett)

50 ml fettreduzierte Sahne (19 % Fett)

Backbohnen oder getrocknete Hülsenfrüchte zum Blindbacken

1. Den Backofen auf 180 °C Ober-/ Unterhitze (Umluft 160 °C) vorheizen. Die Tarteform mit Backpapier auslegen.

2. Mehl, Mandeln und Erythrit-Puder vermischen. Eigelb, Zucker und Vanille-Extrakt dazugeben. Die kalte Butter und Margarine in Stückcken daraufsetzen und mit den Knethaken des Handrührgeräts kurz zu einem glatten Teig kneten.

3. ⅔ des Teiges auf der leicht bemehlten Arbeitsfläche zu einem Kreis mit Ø 24 cm ausrollen. Aus dem restlichen Teig den Rand formen. Mehrmals mit einer Gabel rundherum einstechen. Ein Stück Backpapier zerknüllen, wieder ausbreiten und auf den Teig legen. Mit Backbohnen befüllen und etwa 12 Minuten blindbacken. Das Backpapier mit den Backbohnen entfernen und den Teig weitere 5–7 Minuten backen, bis der Teig etwas Farbe annimmt. Aus dem Ofen nehmen und in der Form komplett auskühlen lassen.

4. Für die Creme die Gelatine in kaltem Wasser einweichen. Buttermilch, Zitronensaft und -schale mit Joghurt und Erythrit-Puder glattrühren. Die Gelatine ausdrücken und in einem kleinen Topf bei mittlerer Hitze langsam schmelzen. Den Herd ausschalten. Einen Esslöffel Creme zur Gelatine geben und glattrühren. Einen weiteren Esslöffel hinzufügen und wieder glattrühren. So verhindert man, dass die Gelatine zu schnell und ungleichmäßig in der kalten Creme geliert. Nun die Gelatine-Masse zur restlichen Creme geben und sehr gut unterrühren. Auf den abgekühlten Mürbeteig geben, glattstreichen und im Kühlschrank mehrere Stunden festwerden lassen.

5. Zuletzt Quark und Sahne glattrühren und die Tarte damit dekorieren.

Zitronen-Kastenkuchen

NÄHRWERTE: KCAL: 133,9 | KH: 19,0 G | P: 3,5 G | F: 4,7 G

ZUTATEN FÜR 1 KASTENFORM (25 CM)

Für den Teig

170 g weiche Halbfett-
   margarine (39 % Fett)
150 g Erythrit-Puder
2 Eier (Größe L)
300 g Weizenmehl
2 ½ TL Backpulver
1 TL Natron
30 ml Zitronensaft
abgeriebene Schale von
   2 Bio-Zitronen
70 ml Mineralwasser
   (mit viel Kohlensäure)

Für den Guss

70 g Erythrit-Puder
Saft von ½ Zitrone

1. Den Backofen auf 180 °C Ober-/ Unterhitze (Umluft 160 °C) vorheizen. Die Kastenform mit Backpapier auslegen.

2. Margarine und Erythrit-Puder mit den Schneebesen des Handrührgeräts glattrühren. Die Eier unterrühren. Mehl, Backpulver und Natron vermischen. Zusammen mit Zitronensaft, -schale und Mineralwasser zur Margarine-Ei-Mischung geben und kurz zu einem glatten Teig rühren.

3. In die Form füllen und etwa 50–55 Minuten backen. Stäbchenprobe machen: Bleibt an einem hineingesteckten Holzspieß kein Teig mehr haften, ist der Kuchen fertig. Aus dem Ofen nehmen und 20 Minuten in der Form auskühlen lassen. Dann auf ein Kuchengitter stürzen und dort vollständig abkühlen lassen.

4. Für den Guss Erythrit-Puder und Zitronensaft glattrühren und über den Kuchen streichen.

Milchreis-Ecken

NÄHRWERTE: KCAL: 226,7 | KH: 46,5 G | P: 6,5 G | F: 0,7 G

ZUTATEN FÜR 1 FLACHE BACKFORM (30 × 20 CM)

Für den Boden

70 g Datteln (ohne Kern)
400 g Pumpernickel
1 TL Vanille-Extrakt

Für die Füllung

400 ml fettarme Milch (0,3 % Fett)
1 TL Vanille-Extrakt
½ TL Zimt
180 g Erythrit-Puder
200 g Rundkornreis
4 Blatt Gelatine

Für den Belag

240 g halbe Pfirsiche (aus der Dose, ohne Zuckerzusatz; Abtropfgewicht)
3 Scheiben Ananas (aus der Dose, ohne Zuckerzusatz)
175 g Mandarinen (aus der Dose, ohne Zuckerzusatz; Abtropfgewicht)
2 Tütchen Tortenguss

1. Backform mit Backpapier auslegen.

2. Für die Füllung 400 ml Wasser, Milch, Vanille-Extrakt, Zimt, Erythrit-Puder und Reis aufkochen. Den Reis unter Rühren etwa 25 Minuten bei geringer Hitze weich ziehen lassen.

3. In der Zwischenzeit die Datteln für den Boden mit 40 ml heißem Wasser übergießen. Pumpernickel grob zerbrechen und zusammen mit den Datteln und dem Vanille-Extrakt mit einem Stabmixer pürieren. Den Pumpernickel-Teig in die Form füllen, glattstreichen und festdrücken. Bis zur Weiterverarbeitung im Kühlschrank fest werden lassen.

4. Die Gelatine für die Füllung etwa 5 Minuten in kaltem Wasser einweichen. Mit den Händen ausdrücken und gleichmäßig unter den warmen Milchreis rühren. Auf den Boden geben und ebenfalls glattstreichen.

5. Alle Früchte abtropfen lassen, dabei den Saft auffangen. Pfirsichhälften in feine Spalten und Ananasscheiben in Stücke schneiden. Zusammen mit den Mandarinen auf dem Milchreis verteilen.

6. 500 ml vom aufgefangenen Fruchtsaft abnehmen. Den Tortenguss (nach Packungsanleitung) mit etwa 3–4 EL Saft glattrühren, den übrigen Saft zum Kochen bringen. Vom Herd nehmen, den angerührten Saft hinzugeben und unter Rühren nochmals aufkochen. Gleichmäßig über die Früchte geben. Im Kühlschrank mindestens 4 Stunden ziehen lassen.

Kleingebäck

Brownies

NÄHRWERTE: KCAL: 180,0 | KH: 9,9 G | P: 4,0 G | F: 13,6 G

ZUTATEN FÜR
1 BACKFORM
(16 × 16 CM)

Für den Teig

150 g Zartbitter-Schokoladen-
   Drops ohne Zucker

100 g weiche
   Halbfettmargarine
   (39 % Fett)

1 TL Vanille-Extrakt

100 g Erythrit-Puder

2 Eier (Größe M)

40 g Mehl

25 g stark entöltes Kakaopulver

1 gestrichener TL Backpulver

50 ml Mineralwasser

1. Den Backofen auf 175 °C Ober-/ Unterhitze (Umluft 155 °C) vorheizen.

2. Die Backform mit Backpapier auslegen. Schokoladendrops über einem warmen Wasserbad schmelzen. Margarine, Vanille, Erythrit-Puder und Eier mit den Schneebesen des Handrührgeräts verrühren. Mehl, Kakao und Backpulver mischen.

3. Zuerst die geschmolzene Schokolade, dann das Mineralwasser unter die Margarine-Ei-Masse rühren. Zum Schluss die Mehlmischung unterheben. In die Form füllen, glattstreichen und etwa 25 Minuten backen.

Schoko-Heidelbeer-Cupcakes

NÄHRWERTE: KCAL: 93,7 | KH: 9,7 G | P: 4,8 G | F: 3,8 G

ZUTATEN FÜR 10–12 STÜCK

Für den Teig

2 Eier (Größe M)
100 g Erythrit-Puder
1 TL Vanille-Extrakt
½ Fläschchen Orangen-Aroma
100 g Jogurt (1,5 % Fett)
110 g Mehl
½ Pck. Backpulver
1 TL Natron
150 g Heidelbeeren

Für das Topping

200 g Schlagsahne light
60 g Erythrit-Puder
½ TL Vanille-Extrakt
1 gehäufter EL stark
    entöltes Kakaopulver
200 g Frischkäse (0,2 % Fett)
½ Pck. Sofort-Gelatine

Für die Dekoration

etwa 10–12 Heidelbeeren
Silikon-Muffinform

1. Den Backofen auf 180 °C Ober-/ Unterhitze (Umluft 160 °C) vorheizen.

2. Für den Teig Eier und Erythrit-Puder mit den Schneebesen des Handrührgeräts dick-cremig aufschlagen. Vanille-Extrakt, Orangen-Aroma und Joghurt unterrühren. Mehl, Backpulver und Natron mischen und unter die Ei-Joghurt-Masse ziehen.

3. Heidelbeeren waschen, trocken tupfen und vorsichtig unter den Teig heben. Den Teig mit einem Esslöffel gleichmäßig auf die Muffinförmchen verteilen. Etwa 20–22 Minuten backen und in der Form auskühlen lassen.

4. Für das Topping die Sahne steifschlagen. Erythrit-Puder, Vanille-Extrakt, Kakaopulver und Frischkäse dazugeben und glattrühren. Unter Rühren die Gelatine einrieseln lassen und mindestens 2 Minuten weiterrühren. Etwa 15–20 Minuten gelieren lassen.

5. Wenn sich die Creme beim Kippen der Schüssel nicht mehr bewegt, in einen Spritzbeutel mit großer Sterntülle füllen und auf die Küchlein spritzen. Die Heidelbeeren für die Dekoration waschen, gut trocken tupfen und auf die Creme setzen.

Mohn-Cupcakes

NÄHRWERTE: KCAL: 133,9 | KH: 16,2 G | P: 5,0 G | F: 5,1 G

ZUTATEN FÜR 6 STÜCK

Für den Teig

90 g Erythrit-Puder

1 Ei (Größe M)

60 g Halbfettmargarine (39 % Fett)

1 TL Zitronenschalen-Aroma

120 g Mehl

1 TL Backpulver

1 ½ TL Natron

10 g Dampfmohn

140 ml Buttermilch

Für das Topping

100 g griechischer Joghurt (0,2 % Fett)

1 EL Mohn

1 EL Erythrit-Puder

Silikon-Muffinform

1. Den Backofen auf 180 °C Ober-/ Unterhitze (Umluft 160 °C) vorheizen.

2. Margarine schmelzen und abkühlen lassen. Erythrit-Puder und Ei mit den Schneebesen des Handrührgeräts hell-cremig rühren. Margarine und Zitronenschalen-Aroma dazugeben. Mehl, Backpulver und Natron mit dem Mohn mischen und unter die feuchten Zutaten heben. Mit der Buttermilch kurz zu einem weichen Teig verrühren. Auf die Förmchen verteilen und etwa 20 Minuten backen. Aus dem Ofen nehmen und in der Form auskühlen lassen.

3. Die Muffins aus der Form lösen und den Joghurt darauf geben. Mohn und Erythrit-Puder mischen und den Joghurt damit bestreuen.

Pflaumen-Muffins

NÄHRWERTE: KCAL: 100,5 | KH: 16,2 G | P: 3,8 G | F: 2,0 G

ZUTATEN FÜR 6 STÜCK

Für den Teig

2 Eier (Größe M)

40 g Erythrit Bronze

60 ml Buttermilch

110 g Mehl

1 TL Natron

1 TL Backpulver

1 TL Lebkuchengewürz

2–3 Pflaumen

1 EL Erythrit Bronze
   zum Bestreuen

Sillikon-Muffinform

1. Den Backofen auf 180 °C Ober-/ Unterhitze (Umluft 160 °C) vorheizen.

2. Eier und Erythrit Bronze mit den Schneebesen des Handrührgeräts hell-cremig rühren. Buttermilch unterrühren. Mehl, Natron, Backpulver und Lebkuchengewürz mischen und unter die feuchten Zutaten heben. Auf die Förmchen verteilen.

3. Die Pflaumen waschen, halbieren, entsteinen und in dünne Spalten schneiden. Fächerförmig auf den Teig setzen. Etwa 18–20 Minuten backen. Auskühlen lassen, aus der Form lösen und mit Erythrit Bronze bestreuen.

Birnenküchlein im Glas

NÄHRWERTE: KCAL: 224,1 | KH: 35,2 G | P: 6,4 G | F: 5,3 G

. . . .

ZUTATEN FÜR 6 STÜCK

Für den Teig
2 Eier (Größe M)
150 g Erythrit-Puder
80 ml Buttermilch
100 g Mehl
20 g gemahlene Walnüsse
  + 2 EL für das Glas
30 g Buchweizenmehl
¼ TL Backpulver
1 TL Natron
¼ TL Zimt
¼ TL Kardamom
6 kleine feste Birnen
1 TL Halbfettmargarine
  (39 % Fett) zum Einfetten

Für die Creme
(nach Belieben)
70 g Frischkäse (0,2 % Fett)
1 EL Erythrit-Puder
6 ganze Haselnüsse
6 ofenfeste Gläser à 220 ml

1. Den Backofen auf 175 °C Ober-/ Unterhitze (Umluft 155 °C) vorheizen.

2. Die Gläser mit Margarine einfetten und mit den gemahlenen Walnüssen bestäuben. Eier und Erythrit-Puder mit den Schneebesen des Handrührgeräts hell-cremig rühren. Buttermilch unterrühren. Mehl, Nüsse, Buchweizenmehl, Backpulver, Natron und Gewürze mischen und unter die feuchten Zutaten heben. Den Teig gleichmäßig auf die Gläser verteilen.

3. Die Birnen waschen, schälen und von unten mit einem Melonenausstecher das Kerngehäuse entfernen. Auf den Teig setzen und etwas hineindrücken. Die Gläser am besten auf ein Blech stellen und etwa 30 Minuten backen.

4. Nach Belieben für die Creme Frischkäse und Erythrit-Puder glattrühren. In einen Spritzbeutel mit großer Sterntülle geben und auf die Küchlein spritzen. Mit je einer Haselnuss dekorieren.

Carrot-Cake-Muffins

NÄHRWERTE: KCAL: 106,0 | KH: 16,0 G | P: 4,1 G | F: 2,2 G

. . . .

ZUTATEN FÜR 6 STÜCK

Für den Teig

120 g Möhren
½ Apfel
2 Eier (Größe M)
50 g Erythrit Bronze
80 ml Buttermilch
100 g helles Vollkornmehl
20 g Buchweizenmehl
1 TL Natron
1 TL Backpulver
½ TL gem. Zimt
½ TL Vanille-Extrakt
20 g gehackte Haselnüsse

1. Den Backofen auf 180 °C Ober-/ Unterhitze (Umluft °C) vorheizen.

2. Möhren waschen, schälen und fein raspeln. Apfel waschen und mit der Schale ebenfalls fein raspeln.

3. Eier und Erythrit Bronze mit den Schneebesen des Handrührgeräts hell-cremig rühren. Buttermilch unterrühren. Möhren- und Apfelraspel dazugeben. Mehl, Buchweizenmehl, Natron, Backpulver, Gewürze und Haselnüsse miteinander mischen und unter die feuchten Zutaten heben.

4. Auf die Förmchen verteilen und etwa 18–20 Minuten backen.

Bratapfel-Muffins

NÄHRWERTE: KCAL: 150,2 | KH: 24,0 G | P: 4,9 G | F: 3,3 G

ZUTATEN FÜR 6 NORMALE ODER 5 GROSSE MUFFINS

Für den Teig

1 Apfel
1 Ei (Größe M)
50 g Erythrit-Puder
100 g griechischer Joghurt (0,2 % Fett)
1 TL Vanille-Extrakt
1 TL Zimt
50 g Apfelmark
Flavour Drops Marzipan (nach Belieben)
135 g Mehl
1 TL Natron
1 TL Backpulver
30 g Rosinen
25 g Mandelstifte
Silikon-Muffinform

1. Den Backofen auf 180 °C Ober-/ Unterhitze (Umluft 160 °C) vorheizen.

2. Apfel waschen, vierteln, entkernen und in kleine Würfel schneiden. Ei und Erythrit-Puder mit den Schneebesen des Handrührgeräts dickschaumig schlagen. Joghurt, Vanille-Extrakt, Zimt und Apfelmark unterrühren. Nach Belieben die Flavour Drops dazugeben. Mehl, Natron und Backpulver mischen und unterheben. Apfelwürfel, Rosinen und Mandeln unterheben.

3. Gleichmäßig auf die Muffinförmchen verteilen und etwa 22–24 Minuten backen.

Ofen-Donuts

NÄHRWERTE: KCAL: 126,0 | KH: 19,5 G | P: 2,2 G | F: 4,2 G

ZUTATEN FÜR 12 STÜCK

Für den Teig

150 g Mehl
1 TL Backpulver
¾ TL Natron
50 g Erythrit-Puder
1 Ei (Größe M)
30 ml Sonnenblumenöl
90 g Joghurt (0,1 % Fett)
80 ml Mineralwasser
   (mit viel Kohlensäure)
einige Tropfen Butter-
   Aroma (ohne Zucker)
¼ TL Zitronenaroma-Öl

Für den Guss

100 g Puderzucker
1–2 TL Zitronensaft
etwas pinke Lebensmittelfarbe

Für die Dekoration

40 g weiße Schokolade
   (ohne Zucker)
bunte Zuckerstreusel
   (nach Belieben)
2 Silikon-Donutformen
   (Ø 7,5 cm)

1. Den Backofen auf 175 °C Ober-/ Unterhitze (Umluft 155 °C) vorheizen.

2. Für den Teig alle Zutaten in eine Schüssel geben und mit den Schneebesen des Handrührgeräts glattrühren. Den Teig in einen Spritzbeutel füllen und die Donutformen damit befüllen. Etwa 15–18 Minuten backen. Aus den Formen lösen und auf einem Gitter auskühlen lassen.

3. Den Puderzucker nach und nach mit dem Zitronensaft zu einem dünnen, leicht zähen Guss anrühren. Mit Lebensmittelfarbe pink färben und die Donuts zur Hälfte hineintauchen. Kurz etwas abtropfen lassen und auf dem Gitter 3–4 Stunden festwerden lassen.

4. Schokolade über einem Wasserbad schmelzen. In einen kleinen Spritzbeutel füllen, die Donuts damit verzieren und mit Streuseln bestreuen.

Wer die Kalorien noch weiter reduzieren will, kann für den Guss statt Puderzucker auch Erythrit-Puder verwenden. Der Guss wird dann etwas krisselig – ob man das mag, ist Geschmackssache.

Schwarz-weiße Marzipan-Amerikaner

NÄHRWERTE: KCAL: 181,5 | KH: 19,9 G | P: 4,4 G | F: 8,9 G

ZUTATEN FÜR 10 STÜCK

Für den Teig

2 Eier (Größe M)

69 g Erythrit-Puder

80 g weiche Halbfett-
    margarine (39 % Fett)

30 g weiche Vollfettbutter

200 g Mehl

40 g Speisestärke

1 Pck. Backpulver

50 g gem. Mandeln

30 g Erythrit Bronze

¼ TL gem. Tonkabohne

5–10 Tropfen Flavour
    Drops Marzipan

50 ml Mineralwasser
    (mit viel Kohlensäure)

Für den Schokoladen-Guss

15 g stark entöltes Kakaopulver

1 EL Puderzucker

3–4 Tropfen Flavour
    Drops Marzipan

½ TL Sonnenblumenöl

Für den hellen Guss

5 EL Puderzucker
    (alternativ Erythrit-Puder)

½–1 TL Zitronensaft

1. Den Backofen auf 185 °C Ober-/ Unterhitze (Umluft 165 °C) vorheizen. Zwei Backbleche mit Backpapier belegen.

2. Für den Teig die Eier und den Erythrit-Puder mit den Schneebesen des Handrührgeräts weiß-schaumig aufschlagen. Margarine und Butter unterrühren. Mehl, Speisestärke, Backpulver, Mandeln, Erythrit Bronze und die Tonkabohne vermischen. Zusammen mit den Flavour Drops und dem Mineralwasser zu der Eier-Butter-Mischung geben und kurz verrühren.

3. Pro Amerikaner je einen Esslöffel Teig mit ausreichend Abstand auf ein Blech geben. Die Amerikaner verlaufen beim Backen sehr. Etwa 12–13 Minuten backen, aus dem Ofen nehmen und auf dem Blech auskühlen lassen.

4. Für den Schokoladen-Guss Kakao mit etwa 3 EL heißem Wasser glattrühren. Puderzucker, Flavour Drops und Öl dazugeben und gut verrühren. Mit einem Backpinsel die glatte Seite der Amerikaner mit Schoko-Guss bestreichen. Trocknen lassen.

5. Für den hellen Guss Puderzucker und Zitronensaft glattrühren. Eine Hälfte der mit Schokolade bestrichenen, glatten Seite damit bestreichen. Trocknen lassen.

Minz-Chocolate-Chip-Muffins

NÄHRWERTE: KCAL: 169,6 | KH: 18,0 G | P: 4,1 G | F: 9,1 G

**ZUTATEN FÜR
6 STÜCK**

Für den Teig

1 Ei (Größe M)

80 g Erythrit-Puder

100 g griechischer
   Joghurt (10 % Fett)

½ TL Vanille-Extrakt

4–5 Tropfen pures
   Pfefferminzöl
   (zum Verzehr geeignet)

110 g Mehl

½ TL Backpulver

½ TL Natron

80 g Minz-Schokolade
   (ohne Zucker)

Silikon-Muffinform

1. Den Backofen auf 180 °C Ober-/ Unterhitze (Umluft 160 °C) vorheizen.

2. Ei und Erythrit-Puder mit den Schneebesen des Handrührgeräts schaumig rühren. Joghurt, Vanille-Extrakt und Minzöl dazugeben. Mehl, Backpulver und Natron vermischen und unter die Ei-Joghurt-Mischung heben. Die Schokolade grob hacken und unter den Teig rühren.

3. Den Teig gleichmäßig auf die Förmchen verteilen und etwa 18–20 Minuten backen. Stäbchenprobe machen: Bleibt an einem hineingesteckten Holzstäbchen kein Teig mehr haften, sind die Muffins fertig. Aus dem Ofen nehmen und in der Form auskühlen lassen.

Streuseltaler

NÄHRWERTE: KCAL: 419,0 | KH: 60,1 G | P: 12,0 G | F: 13,7 G

ZUTATEN FÜR 6 STÜCK

Für den Teig

300 g Mehl

30 g geschmacksneutrales Proteinpulver

¾ Pck. Backpulver

50 ml Sonnenblumenöl

1 Ei (Größe S)

150 g Speisequark (Magerstufe, 0,2 % Fett)

1 TL Vanille-Extrakt

Für die Streusel

140 g Mehl

40 g Erythrit-Puder

½ TL Vanille-Extrakt

¼ TL Zimt

40 g Halbfettmargarine (39 % Fett)

15 g Vollfettbutter

Für den Guss

50 g Erythrit-Puder

2–2,5 TL Zitronensaft

1. Den Backofen auf 180 °C Ober-/ Unterhitze (Umluft 160 °C) vorheizen. Ein Blech mit Backpapier belegen.

2. Für den Teig Mehl, Proteinpulver und Backpulver vermischen. Zusammen mit 80 ml Wasser mit den restlichen Zutaten kurz zu einem glatten Teig kneten. Den Teig in 6 Stück teilen, diese jeweils zu einer Kugel formen und flach drücken. Dabei den Rand ein wenig hochziehen. Auf das Blech setzen.

3. Für die Streusel Mehl, Erythrit-Puder, Vanille-Extrakt und Zimt vermischen. Margarine und Butter in Flocken darauf setzen und zu Streuseln verkneten. Gleichmäßig auf die Taler verteilen. Etwa 19–20 Minuten backen, aus dem Ofen nehmen und auf dem Blech auskühlen lassen.

4. Für den Guss Erythrit-Puder mit Zitronensaft verrühren und über die Streusel träufeln. Trocknen lassen.

Schokokekse

NÄHRWERTE: KCAL: 88,5 | KH: 6,5 G | P: 2,1 G | F: 5,9 G

ZUTATEN FÜR
13–15 STÜCK

Für den Teig

110 g Mehl

1 TL geschmacksneutrales
   Proteinpulver

50 g gem. Mandeln

5 g stark entöltes Kakaopulver

20 g weiche Halbfett-
   margarine (39 % Fett)

30 g Vollfettbutter

1 Ei (Größe M)

Für die Glasur
(nach Belieben)

50 g Vollmilchschokolade
   (ohne Zucker)

1. Den Backofen auf 175 °C Ober-/ Unterhitze (Umluft 155 °C) vorheizen. Ein Backblech mit Backpapier belegen.

2. Für den Teig Mehl, Proteinpulver, Mandeln und Kakaopulver vermischen. Margarine, Butter und Ei dazugeben und kurz zu einem glatten Teig kneten. Zu einer Rolle mit Ø 4 ½ cm formen und in Klarsichtfolie wickeln. Etwa 30 Minuten im Kühlschrank kalt stellen.

3. Anschließend die Rolle in etwa 1 cm dicke Scheiben schneiden. Bei Bedarf nochmal etwas schöner zu Kreisen formen und auf das Blech legen. Etwa 7–8 Minuten backen, aus dem Ofen nehmen und auf dem Blech auskühlen lassen.

4. Für die Glasur nach Belieben die Schokolade über einem warmen Wasserbad schmelzen und die Kekse zur Hälfte hineintauchen. Auf einem Backpapier trocknen lassen.

Haferkekse

NÄHRWERTE: KCAL: 77,0 | KH: 9,3 G | P: 2,6 G | F: 3,1 G

ZUTATEN FÜR 10 STÜCK

Für den Teig

1 Ei (Größe M)

30 g Erythrit-Puder

60 g weiche Halbfett-margarine (39 % Fett)

30 g Erythrit Bronze

1 TL Vanille-Extrakt

150 g zarte Haferflocken

½ TL Backpulver

½ TL Zimt

1. Den Backofen auf 175 °C Ober-/ Unterhitze (Umluft 155 °C) vorheizen. Ein Backblech mit Backpapier belegen.

2. Ei und Erythrit-Puder mit den Schneebesen des Handrührgeräts schaumig schlagen. Margarine, Erythrit Bronze und Vanille-Extrakt dazugeben. Haferflocken, Backpulver und Zimt vermischen und zur Ei-Margarine-Mischung geben. Kurz zu einem Teig verkneten.

3. Mit einem Esslöffel 10 Teigkleckse auf das Blech geben, mit dem leicht feuchten Löffelrücken etwas glattstreichen. Etwa 10–13 Minuten backen, bis der Rand etwas Farbe annimmt. Aus dem Ofen nehmen und auf dem Blech auskühlen lassen.

Rosinenschneckchen

NÄHRWERTE: KCAL: 100,6 | KH: 16,1 G | P: 2,3 G | F: 2,6 G

ZUTATEN FÜR 9 STÜCK

Für den Hefeteig

150 g Weizenmehl

20 g geschmacksneutrales Proteinpulver

¼ TL Zucker

10 g weiche Vollfettbutter

1 TL Trockenhefe

1 TL Vanille-Extrakt

¼ Fläschchen Rumaroma

Für die Füllung

40 g Halbfettmargarine (39 % Fett)

¼ TL Zimt

2 EL Erythrit Bronze

35 g Rosinen

1. Die Zutaten für den Hefeteig mit 100 ml handwarmem Wasser mit den Knethaken des Handrührgeräts zu einem geschmeidigen Teig kneten.

2. Dabei mindestens 6 Minuten kneten, so wird der Teig schön weich und locker. Mit einem sauberen Geschirrtuch abdecken und an einem warmen, zugluftfreien Ort etwa 45 Minuten gehen lassen.

3. Ein Backblech mit Backpapier auslegen. Den Hefeteig auf der leicht bemehlten Arbeitsfläche einmal kurz durchkneten und dann zu einem 30 × 20 cm großen Rechteck ausrollen.

4. Die Margarine schmelzen und den Teig damit bestreichen. Zimt und Erythrit Bronze mischen und darüberstreuen. Rosinen gleichmäßig darauf verteilen.

5. Den Teig von der langen Seite her fest aufrollen, dabei jedoch nicht ziehen. Mit einem scharfen Messer 9 gleich große Stücke abschneiden, mit der Schnittseite nach oben auf das Blech setzen und das seitliche Teigende etwas unter die Schnecke schieben. Mit einem Geschirrtuch abdecken und nochmal 15 Minuten gehen lassen.

6. Zwischenzeitlich den Backofen auf 190 °C Ober-/ Unterhitze (Umluft 170 °C) vorheizen. Die Schnecken für 15–20 Minuten backen, bis sie etwas Farbe bekommen haben. Aus dem Ofen nehmen und nach Belieben noch mit etwas Zimt und Zucker bestreuen.

Mohn-Franzbrötchen

NÄHRWERTE: KCAL: 205,3 | KH: 23,4 G | P: 6,8 G | F: 8,6 G

ZUTATEN FÜR 5 STÜCK

Für den Hefeteig

150 g Weizenmehl

20 g geschmacksneutrales Proteinpulver

¼ TL Zucker

10 g weiche Vollfettbutter

1 TL Trockenhefe

¼ Fläschchen Bitter-mandel-Aroma

Für die Mohnfüllung

50 g gem. Mohn

2 EL Erythrit-Puder

¼ TL Vanille-Extrakt

1 TL Halbfettmargarine (39 % Fett)

Für den Guss

50 g Erythrit-Puder

3–4 EL Zitronensaft

1. Die Zutaten für den Hefeteig mit 100 ml handwarmem Wasser mit den Knethaken des Handrührgeräts zu einem geschmeidigen Teig kneten. Dabei mindestens 6 Minuten kneten, so wird der Teig schön weich und locker. Mit einem Geschirrtuch abdecken und an einem warmen, zugluftfreien Ort etwa 45 Minuten gehen lassen.

2. Die Zutaten für die Mohnfüllung mit 50 ml heißem Wasser in einem kleinen Topf oder einer Mikrowellenform verrühren und etwa 2 Minuten erhitzen bzw. aufkochen. 15 Minuten ziehen lassen.

3. Ein Backblech mit Backpapier belegen. Den Teig auf der leicht bemehlten Arbeitsfläche einmal kurz durchkneten und dann zu einem 30 × 20 cm großen Rechteck ausrollen. Gleichmäßig mit der Mohnfüllung bestreichen und von der langen Seite aufrollen. Mit schrägen Schnitten in 5 gleichmäßige Trapeze schneiden und auf das Blech setzen. Mit einem sauberen Geschirrtuch abdecken und etwa 20 Minuten gehen lassen.

4. In der Zwischenzeit den Backofen auf 190 °C Ober-/ Unterhitze (Umluft 170 °C) vorheizen. Dann die Franzbrötchen mittig (parallel zu den Schnittkanten) kräftig mit einem Kochlöffelstiel eindrücken, sodass die Schnittkanten sich nach oben biegen. Etwa 18–20 Minuten backen, bis sie etwas Farbe annehmen. Aus dem Ofen nehmen und auf einem Kuchengitter auskühlen lassen.

5. Aus Erythrit-Puder und Zitronensaft einen Guss zubereiten und die Franzis damit beträufeln.

Schokoknoten

NÄHRWERTE: KCAL: 210,3 | KH: 25,8 G | P: 5,8 G | F: 8,9 G

ZUTATEN FÜR 5 STÜCK

Für den Hefeteig

150 g Weizenmehl

20 g geschmacksneutrales Proteinpulver

¼ TL Zucker

10 g weiche Vollfettbutter

1 TL Trockenhefe

1 TL Vanille-Extrakt

Für die Füllung

50 g Zartbitterschokolade ohne Zucker

1 TL stark entöltes Kakaopulver

1 EL Erythrit-Puder

1. Die Zutaten für den Hefeteig mit 100 ml handwarmem Wasser mit den Knethaken des Handrührgeräts zu einem geschmeidigen Teig kneten. Dabei mindestens 6 Minuten kneten, so wird der Teig schön weich und locker. Mit einem Geschirrtuch abdecken und an einem warmen, zugluftfreien Ort etwa 45 Minuten gehen lassen.

2. In der Zwischenzeit ein Backblech mit Backpapier belegen und die Schokolade für die Füllung hacken. Kakao und Erythrit-Puder mit 3 TL kochendem Wasser glattrühren. Den Teig auf der leicht bemehlten Arbeitsfläche einmal kurz durchkneten und dann zu einem 30 × 20 cm großen Rechteck ausrollen. Die Kakaomischung auf den Teig streichen und mit der gehackten Schokolade bestreuen.

3. Den Teig der Länge nach einmal zusammenklappen und mit dem Rollholz leicht andrücken. In 5 gleich große Stränge schneiden. Je einen Strang an den Enden fassen, ein wenig auseinanderziehen und dabei an beiden Seiten entgegengesetzt 4–5 Mal eindrehen. Von einem Ende beginnend zu Schnecken aufrollen. Auf das Blech setzen, dabei die Enden unter den Knoten schieben. Mit einem sauberen Geschirrtuch abdecken und etwa 20 Minuten gehen lassen.

4. Den Backofen auf 190 °C Ober-/ Unterhitze (Umluft 170 °C) vorheizen. Die Knoten 18–20 Minuten backen, bis sie Farbe annehmen. Aus dem Ofen nehmen und auf einem Kuchengitter abkühlen lassen.

Ofen-Krapfen

NÄHRWERTE: KCAL: 236,6 | KH: 38,7 G | P: 14,2 G | F: 2,4G

ZUTATEN FÜR 5 STÜCK

Für den Teig

250 g Speisequark
   (Magerstufe, 0,2 % Fett)
190 g Mehl
60 g geschmacksneutrales
   Proteinpulver
1 TL Natron
1 TL Backpulver
1 TL Vanille-Extrakt
¼ Fläschchen
   Zitronenaroma-Öl

Für die Füllung

100 g rote Konfitüre
   (zuckerfrei)
etwas Erythrit-Puder
   zum Bestäuben

1. Den Backofen auf 180 °C Ober-/ Unterhitze (Umluft 160 °C) vorheizen. Ein Backblech mit Backpapier belegen.

2. Alle Zutaten für den Teig mit den Knethaken des Handrührgeräts kurz zu einem glatten Teig kneten. In 5 gleich große Stücke teilen und mit den Händen gleichmäßig zu schönen Teigkugeln drehen (so gehen sie schön rund und exakt auf).

3. Auf das Backblech setzen und in etwa 15 Minuten backen. Die Krapfen vorsichtig umdrehen, die Ofentemperatur auf 195 °C erhöhen und weitere 12–14 Minuten backen. Dabei darauf achten, dass sie nicht zu dunkel werden. Aus dem Ofen nehmen und etwas abkühlen lassen.

4. Die Marmelade glattrühren. In eine Marmeladenspritze oder einen Spritzbeutel mit spitzer Sterntülle füllen. Mit einem spitzen Messer seitlich einen kleinen Schlitz in die Krapfen schneiden. Die Marmelade dort hineinspritzen. Mit Erythrit-Puder bestäuben.

Schinken-Muffins

NÄHRWERTE: KCAL: 147,5 | KH: 16,4 G | P: 9,6 G | F: 4,5 G

ZUTATEN FÜR 6 STÜCK

Für den Teig

2 Frühlingszwiebeln

1 Spritzer Olivenöl

75 g magere Schinkennuggets

2 Eier (Größe M)

100 g Joghurt (1,5 % Fett)

80 g Mehl

40 g Roggenvollkornmehl

1 ½ TL Backpulver

1 TL Natron

1 Prise Salz

etwas schwarzen Pfeffer
   aus der Mühle

1 Msp. Knoblauchpulver
   (nach Belieben)

50 g geriebener Käse
   (16 % Fett)

Silikon-Muffinform

1. Frühlingszwiebeln waschen, putzen und in feine Ringe schneiden. Zusammen mit den Schinkenwürfeln und dem Öl in eine kleine Pfanne geben und anschwitzen. Abkühlen lassen.

2. Den Backofen auf 180 °C Ober-/ Unterhitze (Umluft 160 °C) vorheizen.

3. Eier cremig rühren. Joghurt dazugeben und unterrühren. Beide Mehlsorten, Backpulver, Natron und Gewürze vermischen. Unter die Eimasse rühren. Schinken, Frühlingszwiebeln und Käse unterheben und auf die Förmchen verteilen. Etwa 18 Minuten backen. Aus dem Ofen nehmen und abkühlen lassen.

Torten

Kaffee-Tiramisu-Torte

NÄHRWERTE: KCAL: 254,2 | KH: 19,6 G | P: 7,9 G | F: 15,6 G

ZUTATEN FÜR 1 SPRINGFORM (Ø 18 CM)

Für den Teig

2 Eier (Größe M)
1 TL Vanille-Extrakt
100 g Erythrit-Puder
100 ml Mineralwasser
170 g Mehl
30 g geschmacksneutrales Proteinpulver
¼ TL Flohsamenschalen
½ Pck. Backpulver

Für die Creme

250 g Mascarpone
250 g Frischkäse mit Joghurt (13 % Fett)
50 ml fettreduzierte Sahne (19 % Fett) zum Aufschlagen
120 g Erythrit-Puder
1 TL Vanille-Extrakt
Flavour Drops Amaretto (zuckerfrei, nach Belieben)
100 ml abgekühlter starker Kaffee oder Espresso
30 g Erythrit-Puder
1 TL Vanille-Extrakt
1 EL stark entöltes Kakaopulver

1. Den Backofen auf 190 °C Ober-/ Unterhitze (Umluft 170 °C) vorheizen.

2. Die Springform einfetten und den Boden mit Backpapier belegen. Eier trennen und das Eiweiß steifschlagen. Ei-gelb, Vanille-Extrakt und Erythrit-Puder mit den Schnee-besen des Handrührgeräts glattrühren, das Mineralwasser unterrühren. Mehl, Proteinpulver, Flohsamenschalen und Backpulver mischen. Unter die flüssigen Zutaten rühren. Den Eischnee unterheben und in die Springform füllen. Etwa 30 Minuten backen. Stäbchenprobe machen: Bleibt an dem hineingesteckten Stäbchen kein Teig mehr haften, aus dem Ofen nehmen und mehrere Stunden aus-kühlen lassen.

3. Für die Creme Mascarpone, Frischkäse, Sahne, Erythrit-Puder und Flavour Drops glattrühren. Den Kuchen aus der Springform lösen und waagerecht halbieren. Kaffee mit Erythrit-Puder und Vanille-Extrakt verrühren. Den unteren Boden auf eine Tortenplatte setzen und mithilfe eines Löffels mit dem Kaffee beträufeln (der Boden soll gut durchtränkt sein, aber nicht »auslaufen«). Gut 3 ge-häufte EL Creme darauf glatt streichen und mit etwas Kakaopulver bestäuben.

4. Den zweiten Boden mit der Schnittfläche nach oben auf einen Teller legen und ebenfalls mit Kaffee tränken. Mit der Schnittseite nach unten auf den ersten Boden setzen. Etwas Creme auf den Deckel geben und verstreichen. Die restliche Creme in einen Spritzbeutel mit Lochtülle füllen und gleichmäßige Tuffs auf dem Kuchen verteilen. Diese ebenfalls mit etwas Kakaopulver bestäuben.

Zitronen-Rosmarin-Torte

NÄHRWERTE: KCAL: 122,3 | KH: 15,7 G | P: 10,4 G | F: 1,8 G

ZUTATEN FÜR 1 SPRINGFORM (Ø 18 CM)

Für den Teig

2 Eier (Größe M)
100 g Erythrit-Puder plus
    etwas mehr zum Bestreuen
1 TL Vanille-Extrakt
1 TL Zitronenschalen-Aroma
100 ml Mineralwasser
    (mit viel Kohlensäure)
130 g Mehl
½ Pck. Backpulver

Für den Zuckersirup

Saft von 2 Zitronen
3 Stiele Rosmarin
100 g Erythrit-Puder
1 Bio-Zitrone

Für die Füllung

250 g Speisequark
    (Magerstufe, 0,2 % Fett)
200 g Frischkäse (0,2 % Fett)
Saft und abgeriebene
    Schale von 1 Bio-Zitrone
60 g Erythrit-Puder
1 Beutel Sofort-Gelatine

Für die Dekoration

3–5 Stiele Rosmarin

1. Den Backofen auf 180 °C Ober-/ Unterhitze (Umluft 160 °C) vorheizen.

2. Die Form mit Backpapier auslegen. Eier mit Erythrit-Puder mit den Schneebesen des Handrührgeräts cremig-weiß aufschlagen. Vanille-Extrakt, Zitronenschalen-Aroma und Mineralwasser zur Eimasse geben. Mehl mit dem Backpulver vermischen und kurz unter die Eimasse rühren. Teig in die Form geben und etwa 25–28 Minuten backen. Stäbchenprobe machen: Bleibt an dem hinein-gesteckten Stäbchen kein Teig mehr haften, ist der Kuchen fertig. Aus dem Ofen nehmen und in der Form auskühlen lassen.

3. Für den Zuckersirup Rosmarin waschen, trocken schüt-teln und mit 40 ml Wasser, Zitronensaft und Erythrit-Puder in einem kleinen Topf zum Kochen bringen. 4 Minuten blubbernd kochen lassen. Zitrone heiß ab-waschen, in Scheiben schneiden und in den Sirup geben. 1 Minute weiter kochen lassen, vom Herd nehmen und 15 Minuten ziehen lassen. Rosmarin und Zitronenschei-ben entfernen. Zitronenscheiben aufbewahren. Den Kuchen aus der Form lösen und waagerecht halbieren. Den unteren Boden auf eine Kuchenplatte setzen.

4. Für die Creme alle Zutaten, bis auf die Gelatine, mit den Schneebesen des Handrührgeräts glattrühren. Unter Rühren die Gelatine einrieseln lassen und 1 Minute weiterrühren. Etwa 15 Minuten im Kühlschrank anziehen lassen.

5. Den unteren Boden mit Zuckersirup beträufeln. Die Hälfte der Creme darauf geben und knapp bis an den Rand
streichen. Den oberen Boden auf der Schnittfläche ebenfalls mit Sirup beträufeln und dann mit der Schnittfläche
nach unten auf den unteren Boden setzen. Mit der restlichen Creme bestreichen. Die beiseitegestellten Zitronenscheiben auf der Creme verteilen. Rosmarin waschen,
leicht trocken schütteln, mit Erythrit-Puder bestäuben
und ebenfalls auf der Creme verteilen.

Pfannkuchentorte

NÄHRWERTE: KCAL: 206,1 | KH: 22,5 G | P: 19,0 G | F: 3,3 G

ZUTATEN FÜR 12 STÜCK

Für die Pfannkuchen

70 g geschmacksneutrales
   Proteinpulver

120 g Mehl

1 TL Orangenaroma

½ TL Backpulver

2 Eiweiß

1 Ei (Größe M)

Etwas Öl zum Braten

Für die Füllung

500 g Speisequark
   (Magerstufe, 0,2 % Fett)

200 g Skyr

150 g Joghurt (0,1 % Fett)

1 TL Zitronensaft

1 TL Vanille-Extrakt

70 g Erythrit-Puder

1 Beutel Sofort-Gelatine

500 g gemischte frische Beeren

1 EL Erythrit-Puder
   zum Bestäuben

1. Für den Teig alle Zutaten mit 400–450 ml Wasser mit den Schneebesen des Handrührgeräts glattrühren. In einer beschichteten Pfanne ein wenig Öl erhitzen und etwa 8 Pfannkuchen backen. Dazu jeweils eine Schöpfkelle Teig hineingeben und mit dem Kellenboden verstreichen. Von beiden Seiten hellbraun backen. Aus der Pfanne nehmen und auf einem Gitter auskühlen lassen.

2. Für die Creme Quark, Skyr, Joghurt, Zitronensaft, Vanille-Extrakt und Erythrit-Puder glattrühren. Die Gelatine unter Rühren einrieseln lassen und 2–3 Minuten unterrühren. Im Kühlschrank etwa 15–20 Minuten anziehen lassen.

3. Beeren waschen. Nun die Torte schichten: auf einer Tortenplatte mit dem ersten Pfannkuchen beginnen. 2–3 EL Creme darauf geben und verstreichen. Einige Beeren auf der Creme verteilen, nächsten Pfannkuchen darauf legen und wieder Creme und Beeren darauf verteilen. So weiter schichten, bis alle Pfannkuchen übereinander liegen. Den obersten Pfannkuchen mit Beeren dekorieren und mit Erythrit-Puder bestäuben.

Monstertorte

NÄHRWERTE: KCAL: 257,6 | KH: 31,4 G | P: 21,2 G | F: 5,0 G

**ZUTATEN FÜR
4 BÖDEN (À Ø 13 CM)
UND 6 KLEINE
CUPCAKES**

Für den Teig

4 Eier (Größe M)

160 g Erythrit-Puder

50 ml Fruchtsaft (ohne Zucker)

1 TL Vanille-Extrakt

300 g Mehl

1 TL Backpulver

1 ½ TL Natron

Lebensmittel-Gelfarben:
 lila, hellgrün, blau,
 gelb, orange, rosa

Für die Füllung

6 EL Erdbeer-Fruchtaufstrich
 (zuckerreduziert)

Für den Crunch

25 g Zartbitterschokolade
 (ohne Zucker)

30 g Karamell-Popcorn

1. Am Vortag den Quark in ein Haarsieb geben, in eine tiefe Schüssel hängen und im Kühlschrank 12–14 Stunden abtropfen lassen. Das ist sehr wichtig, damit der Quark nicht zu viel Feuchtigkeit hat und als Füllung und Dekoration verwendet werden kann.

2. Am Backtag den Backofen auf 180 °C Ober-/ Unterhitze (Umluft 160 °C) vorheizen. Für den Teig Eier mit Erythrit-Puder mit den Schneebesen des Handrührgeräts hell-cremig rühren. Saft und Vanille-Extrakt zur Eimasse geben und verrühren. Mehl mit Backpulver und Natron mischen. Zur Ei-Saft-Mischung geben und kurz glattrühren. Gleichmäßig auf vier Schälchen aufteilen und mit Lebensmittelfarbe jeweils lila, grün, gelb und rosa einfärben.

3. Für die Muffins jeweils 1 vollen Teelöffel aller gefärbten Teige in ein Muffinförmchen füllen, so werden die Muffins schön bunt. Etwa 15 Minuten backen. Aus dem Ofen nehmen und abkühlen lassen.

4. Die Springform mit Backpapier auslegen, den ersten gefärbten Teig einfüllen und 15–17 Minuten backen. Stäbchenprobe machen: Bleibt an einem hineingesteckten Holzspieß kein Teig mehr haften, ist der Kuchen fertig. Aus dem Ofen nehmen, aus der Form lösen und auf ein Kuchengitter geben. Die Form kurz reinigen, neues Backpapier einlegen und den zweiten gefärbten Teig backen. So mit allen farbigen Teigen verfahren. Alle Böden auskühlen lassen und mit einem scharfen Sägemesser begradigen.

▶

Für die Frischkäse-Creme

1 kg Speisequark
   (Magerstufe, 0,3 % Fett)
800 g Frischkäse (0,2 % Fett)
1 Tütchen Zitronenschalen-
   Aroma
2 TL Zitronenaroma-Öl
130 g Erythrit-Puder
100 ml fettreduzierte
   Sahne (19 % Fett)
1 Beutel + 3 TL Sofort-Gelatine
einige Tropfen Butter-
   Aroma (nach Belieben)

Zum Dekorieren

etwa 20 Zuckeraugen
Springform (Ø 13 cm)
Silikon-Muffinform

Je nach verwendeter Lebensmittelfarbe braucht man mehr oder weniger zum Färben von Teig und Creme. Einfach mit wenig Farbe anfangen und solange mehr dazugeben, bis die gewünschte Teig- oder Cremefarbe erreicht ist.

5. Für den Crunch die Schokolade über einem warmen Wasserbad schmelzen. Popcorn dazugeben und verrühren. Auf Backpapier geben und festwerden lassen. Mit einem Messer grob hacken.

6. Für die Frischkäse-Creme den abgetropften Quark mit den weiteren Zutaten außer der Gelatine in einer Rührschüssel mit den Schneebesen des Handrührgeräts glattrühren. Die Gelatine unter Rühren einrieseln lassen und mindestens 3 Minuten kräftig weiter rühren.

7. Für die Füllung etwa 10 Esslöffel Creme in einen Spritzbeutel mit Lochtülle geben. Zuerst den lila Boden auf die Platte setzen. Mit Creme einen Ring am Rand aufspritzen. 2 Esslöffel Fruchtaufstrich in die Mitte geben und glattstreichen. Etwas Popcorn darauf streuen. Den gelben Boden daraufsetzen und etwas andrücken. Wieder einen Ring Creme auftragen, Fruchtaufstrich in die Mitte geben und glattstreichen und mit etwas Popcorn bestreuen. Den rosa Boden aufsetzen und wieder mit Creme, Fruchtaufstrich und Popcorn belegen. Zuletzt den grünen Boden als Deckel aufsetzen. Deckel und Rand der Torte dünn mit Frischkäse-Creme einstreichen.

8. Die übrige Creme aufteilen und einfärben. Für die orange, gelbe, grüne und lila Creme jeweils etwa 4–5 Esslöffel Creme (lieber ein wenig mehr als zu wenig) mit der entsprechenden Lebensmittelfarbe vermischen. Den größten Teil der Creme blau einfärben.

9. Die Creme in 5 Spritzbeutel mit unterschiedlichen Tüllen füllen. Mit der blauen Creme beginnen: ringsum Tuffs auf die Torte spritzen. Zwei Muffins auf Holzstäbchen setzen. Auf den ersten mit der orangen Creme Tuffs auftragen, auf den zweiten mit lila Creme. Die Muffins mit den Stäbchen in die Torte stecken. Die anderen Muffins rund um die Torte (»Papa Monster«) platzieren und jeweils einen mit grünen und orangen Tuffs und zwei mit gelben Tuffs verzieren. Zum Schluss die Zuckeraugen nach Belieben auf den Monstern verteilen.

Drip Cake

NÄHRWERTE: KCAL: 310,1 | KH: 25,7 G | P: 12,7 G | F: 17,1 G

ZUTATEN FÜR 3 SPRINGFORMEN (Ø 13 CM)

Für den Teig

3 Eier (Größe M)

150 g Erythrit-Puder

¼ Fläschchen Buttervanille-Aroma

150 g Mehl

20 g gem. Mandeln mit Haut

1 TL Backpulver

1 TL Natron

15 g stark entöltes Kakaopulver

Für die Nougatcreme

70 g Nougat zum Backen

50 g Zartbitterschokolade (ohne Zucker)

150 ml fettreduzierte Sahne (19 % Fett)

1 ½ EL Sofort-Gelatine

6 EL Aprikosen-Fruchtaufstrich (zuckerreduziert)

Für den Haselnuss-Crunch

30 g gehackte Haselnüsse

30 g Erythrit-Puder

40 g Zartbitterschokolade (ohne Zucker)

1. Am Vortag den Quark für die Zitronencreme in ein Sieb geben. Das Sieb über eine tiefe Schüssel hängen und den Quark im Kühlschrank etwa 12–14 Stunden abtropfen lassen.

2. Am Backtag den Backofen auf 180 °C Ober-/ Unterhitze (Umluft 160 °C) vorheizen. Springform(en) mit Backpapier auslegen.

3. Für den Teig die Eier mit Puder und Buttervanille-Aroma mit den Schneebesen des Handrührgeräts hell cremig rühren. Mehl, Mandeln, Backpulver, Natron und Kakaopulver vermischen. Unter die Eimasse rühren.

4. Den Teig in 3 gleich große Portionen teilen, in die Springform(en) füllen und jeweils etwa 18 Minuten backen. Stäbchenprobe machen: Bleibt an einem hineingesteckten Holzspieß kein Teig mehr haften, ist der Kuchen fertig. Auf einem Kuchengitter auskühlen lassen.

5. Für die Nougatcreme Nougat und Schokolade klein schneiden. Sahne in einem kleinen Topf aufkochen lassen. Nougat und Schokolade dazugeben und 3 Minuten stehen lassen. Mit einem Schneebesen glattrühren. 3–4 Stunden kaltstellen.

6. Für den Crunch Haselnüsse mit Erythrit-Puder in eine beschichtete Pfanne geben und den Zucker bei mittlerer Hitze schmelzen lassen. Unter Rühren anrösten. Zum Abkühlen großzügig auf einem Backpapier verteilen. Anschließend die Schokolade über einem warmen Wasserbad schmelzen, Nüsse dazugeben und verrühren. Zum Abkühlen zurück auf das Backpapier geben.

7. Die Nougatsahne für die Creme steifschlagen. Gelatine einrieseln lassen und 3 Minuten weiter rühren. Kaltstellen, bis die Creme weiterverarbeitet wird.

▶

Für die Zitronencreme

500 g Speisequark
(Magerstufe, 0,2 % Fett)
150 g Frischkäse (0,2 % Fett)
70 g Erythrit-Puder
1 TL Zitronenaroma-Öl
einige Tropfen Butteraroma
(nach Belieben)
½ Tütchen Sofort-Gelatine

Für die Deko

jeweils 50 g weiße und
Zartbitterschokolade
(ohne Zucker)

Für die Ganache

70 g Zartbitterschokolade
(ohne Zucker)
50 ml fettreduzierte
Sahne (19 % Fett)

8. Die Tortenböden gegebenenfalls begradigen. Den ersten Boden auf eine Tortenplatte setzen. 3–4 Esslöffel der Nougatcreme darauf geben und gleichmäßig bis an den Rand verstreichen. Etwa 2 cm vom Rand rundherum eine Vertiefung in die Creme machen, Aprikosen-Fruchtaufstrich hineingeben und glattstreichen. Den Haselnuss-Crunch etwas auflockern und etwa 1 ½ EL über die Füllung streuen.

9. Den nächsten Boden darauf setzen und wie den ersten mit Nougatcreme, Fruchtaufstrich und Crunch belegen. Den letzten Boden als Deckel daraufsetzen. Den Rand ringsherum mit einer kleinen Palette glattstreichen. Etwa 30 Minuten im Kühlschrank fest werden lassen.

10. Für die Zitronencreme alle Zutaten außer der Gelatine glattrühren. Die Gelatine während des Rührens einrieseln lassen und 3 Minuten weiterrühren. Die Creme zuerst vorsichtig mit einer kleinen Palette dünn auf der Torte und auf dem Rand auftragen. Dabei versuchen, keine Nougatcreme mit zu verstreichen. Darüber eine dickere Schicht Zitronencreme streichen, die gegebenenfalls alle Schokoreste und die Böden verdeckt. Die Creme nun vorsichtig mit einem längeren Tortenglätter gerade abziehen, sodass die Cremeschicht ganz glatt wird. Bis zur Weiterverarbeitung in den Kühlschrank stellen. Die restliche Zitronencreme für die Dekoration aufbewahren.

11. Für die Deko die beiden Schokoladensorten separat über warmen Wasserbädern schmelzen. In kleine Papier-Spritztüten füllen und damit Schokogitter auf Backpapier spritzen (Achtung: nicht zu dünn, sonst brechen sie beim Dekorieren). Aus der restlichen Schokolade marmorierte Bruchschokolade herstellen: dazu die weiße Schokolade auf das Backpapier geben. Die dunkle Schokolade darauf spritzen und zum Marmorieren ein Holzstäbchen spiralförmig durch die Schokolade ziehen. Die Schokogitter und die Bruchschokolade im Tiefkühlfach aufbewahren.

12. Für die Ganache Schokolade klein hacken. Sahne in einem kleinen Topf aufkochen, die Schokolade dazugeben, etwa 3 Minuten stehen lassen und mit einem Schneebesen glattrühren. In eine kleine Schüssel umfüllen und 5 Minuten abkühlen lassen. 2–3 Esslöffel davon in eine kleine Papier-Spritztüte geben. Die Torte aus dem Kühlschrank nehmen und am oberen Rand den Drip auftragen: dazu die Ganache mit der Spritztüte in sanften, wellenförmigen Bewegungen am Rand verteilen. 3–4 Esslöffel Ganache auf die Mitte der Torte geben und glattstreichen. Die Schoko-Dekoration aus dem Tiefkühlfach holen und vorsichtig in die Torte stecken. Die restliche Zitronencreme in einen Spritzbeutel mit offener Sterntülle geben und vereinzelt einige Tuffs am Tortenrand auftragen.

Kirsch-Schoko-Torte

NÄHRWERTE: KCAL: 177,3 | KH: 24,4 G | P: 9,5 G | F: 4,3 G

ZUTATEN FÜR 1 SPRINGFORM (Ø 22 CM)

Für den Boden

2 Eier (Größe M)
150 g Erythrit-Puder
100 g Apfel-Bananenmark
1 TL Vanille-Extrakt
150 g Mehl
15 g geschmacksneutrales Proteinpulver
7 g stark entöltes Kakaopulver
½ Pck. Backpulver

Für die Creme

200 g Frischkäse (0,2 % Fett)
250 g Speisequark (Magerstufe, 0,2 % Fett)
70 g Erythrit-Puder
20 g stark entöltes Kakaopulver
1 TL Sofort-Gelatine

Für die Kirschkuppel

1 Glas Sauerkirschen (entsteint, ohne Zuckerzusatz, Abtropfgewicht 340 g)
30 g Erythrit-Puder
3–4 Tropfen Arrak-Aroma
1 TL Orangenaroma
2 gehäufte TL Speisestärke

1. Den Backofen auf 180 °C Ober-/ Unterhitze (Umluft 160 °C) vorheizen. Springform mit Backpapier auslegen. Die Kirschen für die Füllung abtropfen lassen und den Saft auffangen.

2. Für den Boden Eier und Erythrit-Puder mit Schneebesen des Handrührgeräts hell-cremig rühren. Apfel-Bananenmark und Vanille-Extrakt unterrühren. Mehl, Proteinpulver, Kakao und Backpulver mischen und zusammen mit 30 ml Wasser unter die feuchten Zutaten heben. Den Teig in die Springform geben und glattstreichen. 2–3 Esslöffel Kirschen auf dem Teig verteilen und etwa 35 Minuten backen. Aus dem Ofen nehmen, 30 Minuten in der Form abkühlen lassen. Dann aus der Form lösen und auf einem Kuchengitter vollständig abkühlen lassen.

3. Für die Creme alle Zutaten außer der Gelatine miteinander glattrühren. Gelatine unter Rühren dazugeben und 2 Minuten weiterrühren. Die Creme bis zur Weiterverarbeitung in den Kühlschrank stellen.

4. Die abgetropften Kirschen mit Erythrit-Puder, Arrak-Aroma und Orangenaroma in einen kleinen Topf geben. 50 ml Saft beiseitestellen, den Rest zu den Kirschen in den Topf geben und alles zum Kochen bringen. Speisestärke mit dem beiseitegestellten Saft glattrühren und in die kochenden Kirschen rühren. Nochmals kurz aufkochen. Vom Herd nehmen und zum Abkühlen in eine flache, etwa größere Schale geben.

Für die Dekoration

70 g Schokoladenraspel
    (Zartbitter)

5. Den Kuchenboden auf eine Tortenplatte setzen. Die Creme auf der Torte und am Rand gleichmäßig verteilen und glattstreichen. Die Schokoladenraspel mit den Fingern etwas feiner reiben und mit der Hand seitlich auf die Creme drücken. Den Rand nach Bedarf mit einem Messer oder einer kleinen Winkelpalette wieder gerade drücken. Die erkalteten Kirschen als Kuppel auf die Torte setzen. Bis zum Servieren kalt stellen.

Limettentorte

NÄHRWERTE: KCAL: 246,2 | KH: 20,4 G | P: 14,1 G | F: 11,6G

ZUTATEN FÜR 1 SPRINGFORM (Ø 18 CM)

Für den Teig

2 Eier (Größe M)

100 g Erythrit-Puder

70 g Joghurt (1,5 % Fett)

Saft und abgeriebene Schale von 2 Bio-Limetten

150 g Mehl

20 g geschmacksneutrales Proteinpulver

1 TL Natron

1 ½ TL Backpulver

1 TL Vanille-Extrakt

Für die Creme

100 ml fettreduzierte Sahne (19 % Fett)

400 g Frischkäse (0,2 %)

100 g Joghurt (0,1 % Fett)

Saft und abgeriebene Schale von 1 Bio-Limette

80 g Erythrit-Puder

1 Beutel Sofort-Gelatine

Für die Dekoration

8 Schokotaler (ohne Zucker)

1 Bio-Limette

70 g gehobelte Mandeln

1. Den Backofen auf 180 °C Ober-/ Unterhitze (Umluft 160 °C) vorheizen. Die Springform mit Backpapier auslegen.

2. Für den Teig Eier und Erythrit-Puder mit den Schneebesen des Handrührgeräts hell-cremig rühren. Joghurt, Limettensaft und Schale unterrühren. Mehl, Proteinpulver, Natron, Backpulver und Vanille-Extrakt miteinander vermischen und unter die feuchten Zutaten rühren. Den Teig in die Springform füllen und etwa 25–30 Minuten backen. Stäbchenprobe machen: Bleibt an einem hineingesteckten Holzspieß kein Teig mehr haften, ist der Kuchen fertig. Aus dem Ofen nehmen und auf einem Kuchengitter vollständig abkühlen lassen.

3. Die Sahne für die Creme steif schlagen. Alle weiteren Zutaten außer der Gelatine dazugeben und glattrühren. Die Gelatine unter Rühren dazugeben und mindestens 3 Minuten weiterrühren. Im Kühlschrank 15–20 Minuten anziehen lassen. Wenn die Creme einen deutlichen Stand hat und sich beim Kippen der Schüssel nicht mehr bewegt, ist sie perfekt zum Weiterverarbeiten.

4. Den Kuchenboden horizontal halbieren. Den Boden auf eine Kuchenplatte setzen und mit 4–5 Esslöffel Creme gleichmäßig bestreichen. Den zweiten Boden daraufsetzen. Von der Creme 5 Esslöffel abnehmen und beiseitestellen. Die Torte oben und am Rand mit der restlichen Creme bestreichen.

5. Die beiseitegestellte Creme in einen Spritzbeutel mit Lochtülle geben und acht Tuffs an den Rand des Tortendeckels sprühen. Jeweils einen weiteren Tuff innen neben die äußeren Tupfen spritzen. Auf jeden Tuff einen Schokotaler geben.

Die Limette heiß abwaschen, trocken reiben und 4 dünne Scheiben abschneiden. Jede Scheibe halbieren und zwischen die Tuffs setzen. Für etwa 30 Minuten in den Kühlschrank stellen.

6. In der Zwischenzeit die Mandeln in einer beschichteten Pfanne ohne Fett bei mittlerer Hitze rösten, dabei ständig rühren, damit die Mandeln nicht anbrennen. Zum Abkühlen auf einen großen Teller geben.

7. Den Tortenrand mit den erkalteten Mandeln dekorieren. Dafür die Kuchenplatte auf einen ebenen Becher o. Ä. und diesen auf ein Tablett stellen (dadurch kann man die Mandeln besser rundherum andrücken und alle, die doch herunterfallen, landen auf dem Tablett). Die Mandeln mit der flachen Hand an die Seite der Torte drücken.

Klassiker (mal anders)

Zimtschnecken-Kuchen

NÄHRWERTE: KCAL: 148,1 | KH: 24,2 G | P: 4,0 G | F: 3,5G

. . . .

ZUTATEN FÜR 1 SPRINGFORM (Ø 20 CM)

Für den Hefeteig

250 g Weizenmehl

½ Pck. Trockenhefe

50 g Erythrit-Puder

¼ TL gem. Kardamom

60 g weiche Halbfettmargarine (39 % Fett)

1 TL Vanille-Extrakt

Für die Füllung

40 g Halbfettmargarine (39 % Fett)

120 g Erythrit Bronze

1 ½ EL gem. Zimt

Für den Guss

40 g Frischkäse (0,2 % Fett)

90 g Erythrit-Puder

1. Für den Hefeteig Mehl, Trockenhefe, Erythrit-Puder und Kardamom verrühren. Margarine, Vanille-Extrakt und 125 ml handwarmes Wasser hinzugeben und mit den Knethaken des Handrührgeräts 5–6 Minuten verkneten. Mit einem Geschirrtuch abdecken und an einem warmen Ort 45 Minuten gehen lassen.

2. Die Springform ausfetten und den Backofen auf 175 °C Ober-/ Unterhitze (Umluft 155 °C) vorheizen.

3. Den Teig auf der leicht bemehlten Arbeitsfläche kurz durchkneten und abgedeckt nochmals 5 Minuten ruhen lassen. Zu einem ½ cm dicken Quadrat ausrollen. Die Margarine in einem Topf schmelzen lassen und den Teig damit bestreichen. Erythrit Bronze und Zimt vermischen und auf den mit Margarine bestrichenen Teig streuen.

4. Den Teig in vier gleich lange Streifen schneiden und jeden Streifen der Länge nach zusammenklappen. Den ersten Streifen zu einer Schnecke zusammenrollen und mit der offenen Seite nach oben in die Form setzen. Den zweiten Streifen (mit der offenen Seite nach oben) um die erste Schnecke in der Form setzen. Mit dem dritten und vierten Streifen wiederholen. Etwa 30 Minuten backen, aus dem Ofen nehmen und abkühlen lassen.

5. Für den Guss Frischkäse mit Erythrit-Puder glattrühren und auf den abgekühlten Kuchen streichen.

Zupfkuchen

NÄHRWERTE: KCAL: 150,6 | KH: 16,1 G | P: 8,9 G | F: 5,3 G

. . . .

ZUTATEN FÜR 1 SPRINGFORM (Ø 18 CM)

Für den Mürbeteig

30 g kalte Halbfettmargarine
(39 % Fett)
20 g Vollfettbutter
80 g Erythrit-Puder
125 g Weizenmehl
15 g stark entöltes Kakaopulver
¼ TL Backpulver
1 Ei (Größe M)
½ TL Vanille-Extrakt

Für die Füllung

250 g Speisequark
(Magerstufe, 0,2 % Fett)
125 g Skyr
100 g Erythrit-Puder
½ TL Vanille-Extrakt
Flavour Drops Cheesecake
(nach Belieben)
1 Ei (Größe M)
Saft von ½ Orange
½ Pck. Vanillepudding-
pulver (z. B. Natreen)

1. Den Backofen auf 180 °C Ober-/Unterhitze (Umluft 160 °C) vorheizen.

2. Die Springform mit Backpapier auslegen. Aus den Zutaten einen Mürbeteig kneten, dabei nicht zu lange kneten, sonst wird der Teig zu fest. ¼ des Teiges beiseitestellen. Den Rest halbieren und eine Hälfte für den Boden ausrollen und in die Springform legen. Die zweite Hälfte zu einer Rolle formen, an den Rand der Form legen und zu einem etwa 4 cm hohen Rand andrücken. Mit einer Gabel ringsherum mehrfach einstechen.

3. Alle Zutaten für die Füllung zu einer cremigen Käsemasse rühren und auf den Teig geben. Den restlichen Mürbeteig in 5–6 Stückchen teilen, diese zu flachen Klecksen formen und auf die Füllung setzen. Etwa 40 Minuten backen. Aus dem Ofen nehmen und in der Form komplett auskühlen lassen.

Marmorkuchen

NÄHRWERTE: KCAL: 154,5 | KH: 21,0 G | P: 4,6 G | F: 5,3 G

. . . .

ZUTATEN FÜR 1 KASTENFORM (25 CM)

Für den Grundteig

150 g weiche Halbfett-
   margarine (39 % Fett)
150 g Erythrit-Puder
3 Eier (Größe M)
290 g Weizenmehl
3 leicht gehäufte
   TL Backpulver
2 TL Vanille-Extrakt
Zuckerfreie Aroma-
   Drops Karamell

Für den Kakao-Teig

20 g stark entöltes
   Kakaopulver
1 EL geschmacksneutrales
   Proteinpulver

1. Den Backofen auf 180 °C Ober-/ Unterhitze (Umluft 160 °C) vorheizen.

2. Die Form mit Backpapier auslegen. Margarine und Erythrit-Puder mit den Schneebesen des Handrührgeräts luftig-weiß aufschlagen. Die Eier dazugeben und unterrühren. Mehl, Backpulver und Vanille mischen und zusammen mit 120 ml Wasser unter die anderen Zutaten kurz unterrühren. Den Teig halbieren. Die Aroma-Drops unter den hellen Teig heben. Den übrigen Teig mit Kakao, Proteinpulver und 50 ml heißem Wasser glattrühren.

3. Den hellen und dunklen Teig abwechselnd in die Kastenform füllen. Nach Belieben mit einem Löffel marmorieren: dazu den Löffel spiralförmig durch den Teig ziehen. Etwa 60 Minuten backen.

Donauwelle

NÄHRWERTE: KCAL: 345,5 | KH: 35,8 G | P: 6,7 G | F: 19,1 G

ZUTATEN FÜR 1 BACKFORM (30 × 40 CM)

Für den Teig

2 Eier (Größe M)

180 g Erythrit-Puder

250 g weiche Halbfett-
    margarine (39 % Fett)

370 g Mehl

1 Pck. Backpulver

1 TL Vanille-Extrakt

50 ml Mineralwasser
    (mit viel Kohlensäure) +
    2 EL für den Schokoteig

10 g stark entöltes Kakaopulver

2 EL Mineralwasser

300 g Kirschen (aus dem
    Glas, entsteint und
    ohne Zuckerzusatz)

Für die Creme

200 ml Milch (0,3 % Fett)

1 Pck. Vanillepudding-
    pulver (z. B. Natreen)

1 TL Vanille-Extrakt

160 g Halbfettmargarine
    (39 % Fett)

150 g Erythrit-Puder

1. Den Backofen auf 180 °C Ober-/ Unterhitze (Umluft 160 °C) vorheizen.

2. Die Backform mit Backpapier auslegen. Eier und Erythrit-Puder mit den Schneebesen des Handrührgeräts dick schaumig rühren. Die Margarine dazugeben und verrühren. Mehl, Backpulver und Vanille-Extrakt vermischen. Zusammen mit 50 ml Mineralwasser zur Margarine-Zucker-Masse geben und glattrühren.

3. Etwas mehr als die Hälfte des Teiges in die Form geben und gleichmäßig verstreichen. Den restlichen Teig mit Kakao und 2 EL Mineralwasser glattrühren und auf den hellen Teig streichen, dabei den hellen und den dunklen Teig nicht miteinander vermischen.

4. Die Kirschen für den Belag abtropfen lassen und in den Teig drücken. Etwa 30–35 Minuten backen. Stäbchenprobe machen. Bleibt an dem hineingesteckten Holzspieß kein Teig mehr haften, den Kuchen aus dem Ofen nehmen und in der Form mehrere Stunden auskühlen lassen.

5. In der Zwischenzeit den Pudding für die Creme kochen. Von der Milch etwa 6 EL abnehmen und mit dem Puddingpulver glatt rühren. Die restliche Milch und 250 ml Wasser aufkochen, vom Herd nehmen und das Puddingpulver unterrühren. Nochmals kurz aufkochen lassen. In eine Glasschüssel füllen, mit Frischhaltefolie abdecken und abkühlen lassen.

6. Die Margarine mit den Schneebesen des Handrührgeräts weiß-schaumig aufschlagen. Erythrit-Puder dazugeben und gut verrühren. Esslöffelweise den abgekühlten Pudding unterrühren.

Für den Guss

200 g zuckerfreie Schokodrops
2 EL Nussöl

7. Die Creme gleichmäßig auf dem abgekühlten Kuchen glatt streichen. In den Kühlschrank stellen. Die Schokodrops zusammen mit dem Öl über einem warmen Wasserbad schmelzen. Etwa 3 Minuten abkühlen lassen und dann vorsichtig und gleichmäßig (mit einer Winkelpalette) über die Creme streichen. Auskühlen lassen.

Streuselkuchen

NÄHRWERTE: KCAL: 178,5 | KH: 24,1 G | P: 5,0 G | F: 6,6 G

ZUTATEN FÜR 1 BACKBLECH (CA. 30 × 40 CM)

Für den Teig

200 g Weizenmehl

25 g geschmacksneutrales Proteinpulver

½ Pck. Backpulver

80 g Erythrit-Puder

50 ml Sonnenblumenöl

1 TL gem. Vanille

½ Fläschchen Rum-Aroma

1 Ei (Größe M)

150 g Speisequark (Magerstufe, 0,2 % Fett)

Für die Streusel

170 g Weizenmehl

¼ TL gem. Vanille

½ TL Zimt

30 g Erythrit-Puder

80 g kalte Halbfettmargarine (39 % Fett)

1. Den Backofen auf 175 °C Ober-/ Unterhitze (Umluft 155 °C) vorheizen.

2. Das Blech mit Backpapier belegen. Alle Zutaten für den Teig mit 80 ml Wasser mit den Schneebesen des Handrührgeräts kurz zu einem glatten Teig verrühren.

3. Für die Streusel Mehl, Vanille, Zimt und Erythrit-Puder vermischen. Die Margarine in Flocken darauf geben und alles zu Streuseln verkneten. Gleichmäßig über den Teig verteilen. Etwa 35 Minuten backen.

Rote-Grütze-Kuchen

NÄHRWERTE: KCAL: 108,7 | KH: 16,1 G | P: 4,5 G | F: 2,7 G

. . . .

ZUTATEN FÜR 1 (FLACHE) BACKFORM (20 × 30 CM)

Für den Teig

150 g Weizenmehl

30 g weiche Halbfett-
margarine (39 % Fett)

100 ml Mineralwasser

150 g Speisequark
(Magerstufe, 0,2 % Fett)

1 Ei (Größe M)

70 g Erythrit-Puder

1 TL Zitronenschalen-Aroma

½ TL Vanille-Extrakt

½ Pck. Backpulver

1 Prise Salz

Für das Topping

150 g Rote Grütze
(ohne Zucker)

2 EL Mandelblättchen

4 EL Erythrit Bronze

1. Den Backofen auf 180 °C Ober-/ Unterhitze (Umluft 160 °C) vorheizen.

2. Die Form mit Backpapier auslegen. Für den Teig das Mehl sieben und mit den anderen Zutaten mit den Schneebesen des Handrührgeräts kurz zu einem glatten Teig rühren.

3. In die Form geben und glatt streichen. Rote Grütze klecksweise darauf verteilen. Mit Mandeln und Erythrit Bronze bestreuen und etwa 20 Minuten backen.

Linzer Tarte

NÄHRWERTE: KCAL: 195,3 | KH: 27,8 G | P: 4,0 G | F: 6,5 G

ZUTATEN FÜR 1 TARTEFORM (30 × 20 CM)

Für den Teig

50 g kalte Halbfettmargarine (39 % Fett)

50 g kalte Vollfettbutter

20 g Erythrit-Puder

1 Ei (Größe M)

300 g Mehl

¼ Fläschchen Zitronenaroma-Öl

Für die Füllung

600 g gemischte Früchte (TK)

50 ml Wasser oder ungezuckerter Fruchtsaft

170 g Gelierhilfe mit Erythrit

1 TL Zitronensaft

Backbohnen oder getrocknete Hülsenfrüchte zum Blindbacken

1. Den Backofen auf 180 °C Ober-/ Unterhitze (Umluft 160 °C) vorheizen. Die Tarteform mit Backpapier auslegen.

2. Für den Mürbeteig alle Zutaten kurz verkneten, dabei nicht zu lange kneten, sonst wird der Teig zu fest. Auf der bemehlten Arbeitsfläche zu einem etwa 7 mm dicken Rechteck ausrollen. Die Tarteform mit der Teigplatte auskleiden, den überstehenden Rand abschneiden und beiseitestellen. Den Teig ringsum mit einer Gabel mehrfach einstechen. Mit Backpapier bedecken und Backbohnen oder getrocknete Hülsenfrüchte darauf verteilen. Etwa 15 Minuten blind backen. Aus dem Ofen nehmen. Backbohnen und Backpapier entfernen.

3. Den restlichen Teig verkneten, ausrollen und nach Belieben Motive ausstechen. Für die Füllung die Früchte mit Wasser oder Saft, Gelierhilfe und Zitronensaft in einem Topf zum Kochen bringen. Etwa 9 Minuten sprudelnd kochen lassen. Auf den vorgebackenen Mürbeteig gießen und mit den ausgestochenen Motiven dekorieren. Nochmals 15–20 Minuten backen. Aus dem Ofen nehmen und in der Form komplett auskochen lassen.

Die Fruchtschicht bekommt durch das Erythrit-Puder einen leichten, weißen Film – das tut dem Geschmack aber keinen Abbruch.

Carrot Cake

NÄHRWERTE: KCAL: 183,0 | KH: 19,9 G | P: 9,0 G | F: 7,0 G

. . . .

ZUTATEN FÜR 1 SPRINGFORM (Ø 15 CM)

Für den Teig

120 g Möhren

2 Eier (Größe M)

50 g Erythrit Bronze

100 g Joghurt (1,5 % Fett)

2 EL Apfel-Bananenmark
   (ohne Zuckerzusatz)

100 g Mehl

20 g Buchweizenmehl

1 EL geschmacksneutrales
   Proteinpulver

1 TL Natron

1 ½ TL Backpulver

30 g gehackte Haselnüsse

½ TL gem. Zimt

½ TL Vanille-Extrakt

Für den Guss

200 g Frischkäse (0,2 % Fett)

30 g Erythrit-Puder

Für den Krokant

2 EL gehobelte Haselnüsse

2 EL Erythrit-Puder

1 Msp. Zimt

Für die Dekoration

1 kleine Möhre, geraspelt

1. Den Backofen auf 175 °C Ober-/ Unterhitze (Umluft 155 °C) vorheizen. Springform mit Backpapier auslegen.

2. Möhren waschen, schälen und fein raspeln. Eier und Erythrit Bronze mit den Schneebesen des Handrührgeräts hell cremig rühren. Joghurt und Apel-Bananen-Mark unterrühren. Möhrenraspel dazugeben. Mehl, Buchweizenmehl, Proteinpulver, Natron, Backpulver, Haselnüsse, Zimt und Vanille-Extrakt miteinander mischen und unter die feuchten Zutaten rühren. Den Teig in die Springform füllen und etwa 25–30 Minuten backen. Stäbchenprobe machen: Bleibt an einem hineingesteckten Holzspieß kein Teig mehr haften, ist der Kuchen fertig. Aus dem Ofen nehmen und auf einem Kuchengitter auskühlen lassen.

3. Für den Krokant Haselnüsse, Erythrit-Puder und Zimt in einer beschichteten Pfanne erhitzen. Den Zucker unter Rühren schmelzen und die Nüsse etwas Farbe bekommen lassen. Auf Backpapier geben und zum Abkühlen gut verteilen.

4. Für den Guss Frischkäse, Erythrit-Puder und 1–2 TL Wasser verrühren. Die Creme sollte sich gut und locker verstreichen lassen. Bei Bedarf noch etwas Wasser dazugeben. ⅔ der Creme auf dem Kuchen verteilen und glattstreichen. Die restliche Creme an den Seiten verstreichen. Mit dem Krokant und (nach Belieben) einigen Möhrenraspeln dekorieren.

Gartenkräuter-Brezel-Pie

NÄHRWERTE: KCAL: 161,5 | KH: 14,0 G | P: 16,1 G | F: 4,4 G

ZUTATEN FÜR 1 OFENFESTE PFANNE ODER FORM (Ø 23 CM)

Für den Boden

4 Laugenbrezeln (TK)

Für die Füllung

2 Knoblauchzehen

½ weiße Zwiebel

¼ TL Olivenöl

400 g Hüttenkäse

500 g Speisequark
   (Magerstufe, 0,2 % Fett)

2 Eier (Größe S)

30 g Speisestärke

½ TL Salz

¼ TL frisch gemahlener Pfeffer

Saft und abgeriebene Schale
   von ½ Bio-Zitrone

¼ Bund Schnittlauch

5 Stiele krause Petersilie

3 Stiele Thymian

½ Beet Kresse

1. Die Brezeln auftauen lassen, aber nicht backen. Den Backofen auf 180 °C Ober-/ Unterhitze (Umluft 160 °C) vorheizen. Die Pfanne oder Form mit Backpapier auslegen.

2. Knoblauch schälen und pressen. Zwiebel schälen und in feine Würfel schneiden. Beides in einer Pfanne mit dem Olivenöl glasig anschwitzen. Beiseitestellen.

3. Zwei Brezeln jeweils länglich zusammenschieben und auf der leicht bemehlten Arbeitsfläche mit etwas Mehl mit dem Rollholz etwa 35–40 cm lang ausrollen. Die beiden anderen Brezeln ebenfalls etwas zusammenschieben und zu einem etwa 20 cm großen Kreis ausrollen.

4. Die Zwischenräume mit den Fingern etwas zusammendrücken. In die Form legen. Aus den langen Brezeln einen Rand formen und unten mit dem Boden verbinden.

5. Für die Füllung Hüttenkäse, Quark und Eier verrühren. Speisestärke, Gewürze, Zitronensaft und -schale dazugeben und glattrühren. Die Kräuter waschen, trocknen und fein hacken. Zusammen mit Zwiebeln und Knoblauch unter die Hüttenkäse-Masse heben. Nach Belieben abschmecken.

6. Die Füllung auf den Brezelboden geben. Den Brezenrand etwas nach innen klappen und mit dem groben Salz aus der Brezelpackung bestreuen. Etwa 40–45 Minuten backen. Aus dem Ofen nehmen und in der Form abkühlen lassen. Kalt genießen.

Tomaten-Crostata

NÄHRWERTE: KCAL: 127,3 | KH: 16,7 G | P: 6,0 G | F: 3,7 G

. . . .

ZUTATEN FÜR 9 STÜCK

Für den Teig

5 Blätter Basilikum

130 g Mehl

20 g geschmacksneutrales
   Proteinpulver

1 Ei (Größe S)

100 g Frischkäse (11 % Fett)

1 Prise Salz

1 verquirltes Ei (Größe S)
   zum Bestreichen

Für die Füllung

1 EL Speisestärke

2 mittelgroße Tomaten

350 g gemischte, kleine Tomaten

2 Knoblauchzehen

1 EL Olivenöl

Salz

frisch gemahlener Pfeffer

einige frische Basilikumblätter
   (nach Belieben)

1. Den Backofen auf 200 °C Ober-/ Unterhitze (Umluft 180 °C) vorheizen.

2. Für den Teig Basilikum waschen, trocken schütteln und fein hacken. Zusammen mit den anderen Zutaten und 2 EL kaltem Wasser kurz zu einem glatten Teig kneten. Auf einem leicht bemehlten Backpapier zu einem etwa 35 cm großen Kreis ausrollen. Das Backpapier vorsichtig auf ein Backblech heben.

3. Die Speisestärke auf dem Teig verteilen, dabei einen 5-cm-Rand frei lassen. Alle Tomaten waschen. Die großen in Scheiben schneiden, die kleinen halbieren oder – je nach Größe – ganz lassen.

4. Die Tomaten auf dem Boden verteilen. Auch hier den Rand frei lassen. Den Rand nun nach innen und etwas über die Tomaten klappen. Den Teig mit dem verquirlten Ei bestreichen.

5. Knoblauch schälen und pressen. Mit Öl, Salz und Pfeffer mischen und über den Tomaten verteilen.

6. Etwa 25–28 Minuten backen, bis die Ränder Farbe annehmen. Aus dem Ofen nehmen und abkühlen lassen. Nach Belieben mit frischen Basilikumblättern garnieren und kalt servieren.

Gemüsequiche

NÄHRWERTE: KCAL: 160,4 | KH: 18,9 G | P: 11,0 G | F: 4,1 G

ZUTATEN FÜR 1 BACKFORM (Ø 15 CM)

Für den Teig

110 g Mehl

30 g geschmacksneutrales Proteinpulver

1 Ei (Größe M)

30 g weiche Halbfettmargarine (39 % Fett)

20 g Frischkäse (11 % Fett)

1 Prise Salz

Für die Füllung

150 g Skyr

100 g Frischkäse (11 % Fett)

1 Ei (Größe M)

¼ TL Salz

¼ TL frisch gemahlener Pfeffer

½ TL Zitronenschale

2–3 Spritzer Worcestersauce

1 rote Zwiebel

einige Brokkoliröschen

1 Handvoll kleine Snack-Möhren

1 Handvoll sehr kleine Tomaten

1. Den Backofen auf 180 °C Ober-/ Unterhitze (Umluft 160 °C) vorheizen.

2. Für den Teig Mehl und Proteinpulver vermischen. Das Ei in eine kleine Schüssel aufschlagen, etwas verquirlen und etwa die Hälfte zum Mehl geben (die andere Hälfte für die Füllung beiseitestellen).

3. Margarine, Frischkäse und Salz zusammen mit 30 ml Wasser zum Mehl und Ei geben und alles kurz zu einem geschmeidigen Teig kneten. Auf der leicht bemehlten Arbeitsfläche ausrollen und in die Form legen. Boden und Rand festdrücken und den überstehenden Rand abschneiden.

4. Für die Füllung Skyr, Frischkäse, das Ei und die Hälfte vom beiseitegestellten Ei verrühren und mit Salz, Pfeffer, Zitronenschale und Worcestersauce abschmecken. Zwiebel schälen und in Streifen schneiden. Das Gemüse waschen und putzen.

5. Die Brokkoliröschen in mundgerechte Stücke teilen. Die Snack-Möhren schälen und ebenfalls in mundgerechte Stücke schneiden. Größere Tomaten nach Bedarf halbieren. Die Füllung in die Form gießen und das Gemüse darauf verteilen.

6. Etwa 20 Minuten backen. Dann die Ofentemperatur auf 200 °C erhöhen und die Quiche mit Alufolie abdecken. Weitere 20–25 Minuten backen.

Focaccia

NÄHRWERTE: KCAL: 147,6 | KH: 20,4 G | P: 5,3 G | F: 4,7 G

**ZUTATEN FÜR
1 BACKBLECH ODER
1 AUFLAUFFORM
(20 × 30 CM)**

Für den Hefeteig

200 g Mehl

50 g geschmacksneutrales
Proteinpulver

½ Pck. Trockenhefe

¼ TL Salz

¼ TL Zucker

Für das Kräuteröl

je 2–4 Stiele krause Petersilie,
Thymian und Basilikum

¼ Bund Schnittlauch

3 Knoblauchzehen

2 EL Olivenöl

Meersalzflocken zum
Bestreuen

1. Für den Hefeteig Mehl und Proteinpulver vermischen. Trockenhefe, Salz, Zucker und 200 ml handwarmes Wasser dazugeben und mindestens 6 Minuten lang kneten. Mit einem Geschirrtuch abdecken und an einem warmen, zugluftfreien Ort 45 Minuten gehen lassen.

2. In der Zwischenzeit die Kräuter waschen, trockentupfen und fein hacken. Knoblauch schälen, pressen. Mit den Kräutern und dem Olivenöl verrühren.

3. Den Backofen auf 210 °C Ober-/ Unterhitze (Umluft 190 °C) vorheizen.

4. Das Backblech oder die Auflaufform mit einem kleinen Klecks Öl bestreichen. Den Teig direkt darauf geben. Ein wenig flach drücken und mit Kräuteröl bestreichen. Mit den Fingerspitzen kleine Vertiefungen in den Teig drücken. Das Kräuter-Öl bei Bedarf nochmal etwas verstreichen. Etwa 15–18 Minuten goldgelb backen. Aus dem Ofen nehmen und mit Meersalzflocken bestreuen.

Meat Pie

NÄHRWERTE: KCAL: 206,7 | KH: 20,6 G | P: 16,2 G | F: 6,0 G

**ZUTATEN FÜR
1 AUFLAUFFORM
(30 × 20 CM)**

Für den Teig

110 g Mehl

*30 g geschmacksneutrales
Proteinpulver*

1 Ei (Größe M)

*30 g weiche Halbfett-
margarine (39 % Fett)*

20 g Frischkäse (11 % Fett)

1 Prise Salz

Für die Füllung

½ Zwiebel

1 Knoblauchzehe

200 g Tartar

1 TL Olivenöl

400 g Gemüsemischung (TK)

Salz

frisch gemahlener Pfeffer

¼ TL geräuchertes Paprikapulver

1 TL grober Senf

1 TL Tomatenmark

1 EL kalorienfreier Ahornsirup

1 EL Mehl

150 g Skyr

1. Für den Teig Mehl und Proteinpulver vermischen. Das Ei in eine kleine Schüssel aufschlagen und etwa die Hälfte für die Füllung beiseitestellen. Die andere Hälfte zusammen mit Margarine, Frischkäse, Salz und 30 ml Wasser zum Mehl geben und kurz zu einem glatten Teig verkneten. Sollte er zu trocken sein, noch etwas Wasser dazugeben. In Frischhaltefolie wickeln und bis zur Weiterverarbeitung in den Kühlschrank legen.

2. Für die Füllung Zwiebel und Knoblauch schälen und sehr fein würfeln. Tartar mit Knoblauch und Zwiebel in etwas Olivenöl anbraten. Das Gemüse dazugeben und kurz mitbraten. Mit Salz, Pfeffer und Paprikapulver würzen und mit Senf, Tomatenmark und Ahornsirup abschmecken. Mehl darüber streuen und zum Schluss mit Skyr und 150 ml Wasser ablöschen. Vom Herd nehmen.

3. Den Backofen auf 190 °C Ober-/ Unterhitze (Umluft 170 °C) vorheizen. Den Teig auf der leicht bemehlten Arbeitsfläche ausrollen. In die Form geben und Boden und Rand andrücken. Die überstehenden Ränder abschneiden. Den Teig mehrfach mit einer Gabel einstechen.

4. Die Fleisch-Gemüse-Mischung in die Form geben. Nach Belieben aus dem übrigen Teig ein Gitter oder dekorative Formen (wie z. B. Blätter) ausstechen und den Pie damit belegen. Etwa 30–35 Minuten backen, bis der Rand etwas Farbe angenommen hat. Aus dem Ofen nehmen und noch warm genießen.

Schokoladig

Mokka-Kuchen

NÄHRWERTE: KCAL: 134,9 | KH: 18,1 G | P: 3,6 G | F: 5,0 G

ZUTATEN FÜR 1 SPRINGFORM (Ø 20 CM)

Für den Teig

50 g weiche Halbfettmargarine (39 % Fett)

1 Ei (Größe M)

160 g Erythrit-Puder

1 TL Vanille-Extrakt

150 g Weizenmehl

1 EL geschmacksneutrales Proteinpulver

1 leicht gehäufter TL Backpulver

7 g stark entöltes Kakaopulver

200 ml starker, kalter Mokka

40 g zuckerfreie Schokodrops

Für den Guss

50 ml Mokka

50 g Erythrit-Puder

30 g Erythrit Bronze

1. Den Backofen auf 180 °C Ober-/ Unterhitze (Umluft 160 °C) vorheizen und die Springform mit Backpapier auslegen.

2. Margarine, Ei, Erythrit-Puder und Vanille-Extrakt glatt-rühren. Mehl, Proteinpulver, Backpulver und Kakao mischen und zusammen mit dem Mokka kurz unter die anderen Zutaten rühren. Nicht zu lange rühren, sonst wird der Teig zu fest und geht nicht auf. Die Schokodrops unterheben. Den Teig in die Springform füllen und glatt streichen. Im vorgeheizten Backofen etwa 35 Minuten backen.

3. Für den Guss Mokka mit den beiden Erythrit-Sorten ver-mischen und über den noch heißen Kuchen streichen.

Brownie-Cheesecake

NÄHRWERTE: KCAL: 231,6 | KH: 15,1 G | P: 14,0 G | F: 12,5 G

ZUTATEN FÜR 1 (FLACHE) BACKFORM (18 × 20 CM)

Für den Brownie-Boden

100 g Zartbitter-Schokoladen-Drops ohne Zucker

1 Ei (Größe M)

90 g Erythrit-Puder

1 TL Vanille-Extrakt

80 g weiche Halbfettmargarine (39 % Fett)

15 g stark entöltes Kakaopulver

30 g Mehl

30 ml Mineralwasser (mit viel Kohlensäure)

Für die Cheesecake-Creme

500 Speisequark (Magerstufe, 0,2 % Fett)

1 Eiweiß

½ Pck. Vanillepuddingpulver

50 g Erythrit-Puder

Flavour Drops Cheesecake (nach Belieben)

1. Den Backofen auf 175 °C Ober-/ Unterhitze (Umluft 155 °C) vorheizen.

2. Die Form mit Backpapier auslegen. Für den Brownie-Boden die Schokolade über dem warmen Wasserbad schmelzen. Etwas abkühlen lassen. Ei, Erythrit-Puder und Vanille-Extrakt mit den Schneebesen des Handrührgeräts weiß-cremig aufschlagen. Margarine dazugeben. Kakao und Mehl vermischen und zusammen mit dem Mineralwasser unter die feuchten Zutaten heben. 4–5 EL des Teiges abnehmen und beiseitestellen. Den Rest in die Form füllen und glatt streichen.

3. Für die Creme Quark, Eiweiß, Puddingpulver, Erythrit-Puder und Flavour Drops glattrühren. Auf den Brownie-Boden geben. Restlichen Brownieteig klecksweise darauf verteilen und etwas marmorieren: dazu eine Gabel spiralförmig durch den Teig ziehen. Etwa 25 Minuten backen. Im ausgeschalteten Ofen noch 15 Minuten stehen lassen, dabei die Ofentür öffnen. Dann aus dem Ofen nehmen und komplett auskühlen lassen.

Schokoladen-Biskuitrolle

NÄHRWERTE: KCAL: 93,5 | KH: 6,8 G | P: 8,1 G | F: 3,6 G

ZUTATEN FÜR 9 STÜCK

Für den Biskuitteig

4 Eier (Größe M)
1 TL Vanille-Extrakt
100 g Erythrit-Puder
55 g Weizenmehl
15 g geschmacksneutrales Proteinpulver
10 g Speisestärke
15 g stark entöltes Kakaopulver

Für die Füllung

500 g Speisequark (Magerstufe, 0,2 % Fett)
1 TL Vanille-Extrakt
80 ml fettreduzierte Sahne (19 % Fett)
70 g Erythrit-Puder
4,5 Blatt Gelatine
4 EL kalorienfreie Schokoladensauce

Für die Dekoration

4 EL Erythrit-Puder zum Bestäuben
1 EL Schokoraspeln (Zartbitter)

1. Den Backofen auf 185 °C Ober-/ Unterhitze (Umluft 165 °C) vorheizen. Ein Backblech mit Backpapier belegen.

2. Für den Teig Eier, Vanille-Extrakt und Erythrit-Puder mit den Schneebesen des Handrührgeräts 5 Minuten schaumig rühren. 2 EL Wasser dazugeben. Mehl, Proteinpulver, Speisestärke und Kakao auf die Masse sieben und unterheben. Auf das Blech gießen, glattstreichen und 12–14 Minuten backen.

3. In der Zwischenzeit ein sauberes Geschirrtuch gleichmäßig deckend mit Erythrit-Puder bestäuben. Den gebackenen Biskuit umgedreht auf das Tuch stürzen, das Backpapier entfernen und sofort von der kurzen Seite her mit dem Tuch aufrollen. Etwa 30 Minuten auskühlen lassen.

4. Für die Füllung Quark, Vanille-Extrakt, Sahne und Erythrit-Puder mit den Schneebesen des Handrührgeräts verrühren. Gelatine in kaltem Wasser 5 Minuten einweichen. Ausdrücken und in einem kleinen Topf langsam schmelzen. Herd ausschalten, Topf aber auf der Platte stehen lassen. Einen EL der Füllung dazugeben und glattrühren. Einen weiteren EL dazugeben und wieder gut verrühren. Nun die Gelatinemasse zur Füllung geben und dabei ununterbrochen mit den Schneebesen des Handrührgeräts rühren, damit die Gelatine gleichmäßig verteilt wird.

5. Wenn die Masse fast geliert ist, den Biskuit ausrollen und mit der kurzen, eng gerollten Seite nach vorne auf die Arbeitsfläche legen. Mit der Füllung bestreichen, dabei die letzten 5 cm frei lassen. Schokosauce darauf geben und marmorieren: dazu eine Gabel spiralförmig durch die Füllung ziehen. Die Rolle mithilfe des Tuches wieder einwickeln und im Kühlschrank etwa 30 Minuten festwerden lassen. Mit Erythrit und Schokoraspeln servieren.

Wenn die Rolle beim Wickeln etwas einreißt, ist das gar kein Problem. Einfach wie beschrieben weiter zubereiten und die Rolle zum Festwerden in Frischhaltefolie wickeln. Die Rolle später einfach dick mit Erythrit-Puder bestäuben und schon sind die Risse nicht mehr zu sehen.

Maulwurfkuchen

NÄHRWERTE: KCAL: 159,1 | KH: 17,3 G | P: 9,0 G | F: 5,8 G

ZUTATEN FÜR 1 SPRINGFORM (Ø 22 CM)

Für den Teig

2 Eier (Größe M)

50 g Erythrit-Puder

70 g Joghurt (0,2 % Fett)

½ TL Vanille-Extrakt

2 EL Sonnenblumenöl

100 g Mehl

10 g stark entöltes Kakaopulver

½ TL Backpulver

½ TL Natron

30 ml Mineralwasser (mit viel Kohlensäure)

Für die Füllung

500 g Speisequark (Magerstufe, 0,2 % Fett)

100 ml fettreduzierte Sahne (19 % Fett)

½ TL Vanille-Extrakt

2 Pck. Sahnesteif

3 EL Schokoraspel (zartbitter)

2 kleine Bananen

1. Den Backofen auf 180 °C Ober-/ Unterhitze (Umluft 160 °C) vorheizen. Die Springform mit Backpapier auslegen.

2. Für den Teig Eier und Erythrit-Puder mit den Schneebesen des Handrührgeräts dick-schaumig rühren. Joghurt, Vanille-Extrakt und Sonnenblumenöl unterrühren. Mehl, Kakaopulver, Backpulver und Natron vermischen. Zusammen mit dem Mineralwasser unter die Ei-Joghurt-Mischung rühren.

3. Den Teig in die Springform füllen und glatt streichen. Etwa 30 Minuten backen. Aus dem Ofen nehmen und auskühlen lassen. Den ausgekühlten Boden aus der Form lösen und mit einem Esslöffel etwa 1 cm tief aushöhlen, dabei einen 1 ½ cm breiten Rand stehen lassen. Die Kuchenreste in einer separaten Schüssel fein zerbröseln.

4. Für die Füllung Quark, Sahne und Vanille-Extrakt verrühren. Sahnesteif dazugeben und zu einer festen Creme verrühren. Schokoraspeln unterheben.

5. Bananen schälen und längs halbieren. 3–4 EL Creme auf dem ausgehöhlten Boden verstreichen. Bananen darauf verteilen. Die restliche Creme wie eine Kuppel auf die Bananen streichen. Die Kuchenbrösel auf die Creme streuen und leicht andrücken. Vor dem Servieren mindestens 1 Stunde kaltstellen.

Salzkaramell-Schoko-Cheesecake

NÄHRWERTE: KCAL: 211,8 | KH: 19,8 G | P: 8,4 G | F: 11,8 G

ZUTATEN FÜR 1 SPRINGFORM (Ø 22 CM)

Für den Boden

200 g zuckerfreie Vollkorn-Butterkekse

80 g Halbfettmargarine (39 % Fett)

2 EL kalorienfreier Salzkaramell-Sirup

Für die Füllung

500 g Frischkäse (16 % Fett)

250 g Speisequark (Magerstufe, 0,2 % Fett)

1 Ei (Größe M)

100 g Erythrit-Puder

½ Pck. Vanillepudding-pulver (z. B. Natreen)

2 EL kalorienfreier Salzkaramell-Sirup

Für die Dekoration

150 g kalorienfreie Schokoloden-Sauce

2 EL kalorienfreie Salzkaramell-Sauce

einige Salzflocken

1. Den Backofen auf 180 °C Ober-/ Unterhitze (Umluft 160 °C) vorheizen. Springform mit Backpapier auslegen.

2. Für den Boden die Butterkekse in einen Gefrierbeutel geben und mit einem Rollholz zermahlen. Margarine in einem kleinen Topf schmelzen und mit den Kekskrümeln und dem Sirup gut vermischen. In die Springform füllen und gleichmäßig andrücken.

3. Alle Zutaten für die Füllung glattrühren. Auf Keksboden geben. Etwa 40 Minuten backen. Aus dem Ofen nehmen und in der Form abkühlen lassen.

4. Den Kuchen aus der Springform lösen und die Schokoladen-Sauce darauf verstreichen. Die Salzkaramell-Sauce spiralförmig darauf gießen und mit Salzflocken bestreuen.

Schokokuchen ohne Mehl

NÄHRWERTE: KCAL: 246,4 | KH: 13,6 G | P: 5,2 G | F: 18,8 G

ZUTATEN FÜR 1 SPRINGFORM (Ø 20 CM)

Für den Teig

180 g Zartbitter-Schokoladendrops ohne Zucker

3 Eier (Größe M)

1 TL Vanille-Extrakt

100 g Erythrit-Puder

50 g Kokosblütenzucker

50 g weiche Halbfettmargarine (39 % Fett)

60 g Haselnussmehl

15 g stark entöltes Kakaopulver

¼ TL Backpulver

1. Den Backofen auf 180 °C Ober-/Unterhitze (Umluft 160 °C) vorheizen. Die Springform mit Backpapier auslegen.

2. Schokolade über einem warmen Wasserbad schmelzen. Die Eier treffen. Eiweiß steif schlagen. Eigelb mit Vanille-Extrakt, Erythrit-Puder, Kokosblütenzucker und Margarine cremig rühren. Die geschmolzene Schokolade langsam unterrühren.

3. Haselnussmehl, Kakao und Backpulver mischen. Die trockenen Zutaten unter die feuchten heben, kurz verrühren, in die Springform füllen und glattstreichen. Etwa 35 Minuten backen. Aus dem Ofen nehmen, kurz abkühlen lassen und aus der Form lösen.

Danke!

Ich sage herzlichst Danke an meine liebe Frau Kate, meine Power-Kids Chani, Carlos und Ayana und dem top Team bei riva.

Danke an alle, die beim großen SAT.1-Promibacken dabei waren und mich unterstützt haben.

Ein Dank geht auch an Katja Bieling und meinen Literaturagenten Ulf-Gunnar Switalski.

Und natürlich alle, die ich in dieser Liste gerade vergessen haben könnte.
Dicke Umarmung an Euch alle!

REZEPTREGISTER

Bibliografische Information der Deutschen Nationalbibliothek
Die Deutsche Nationalbibliothek verzeichnet diese Publikation in der Deutschen National-
bibliografie. Detaillierte bibliografische Daten sind im Internet über http://d-nb.de abrufbar.

Für Fragen und Anregungen
info@rivaverlag.de

Wichtige Hinweise
Dieses Buch ist für Lernzwecke gedacht. Es stellt keinen Ersatz für eine individuelle medizinische
Beratung dar und sollte auch nicht als solcher benutzt werden. Wenn Sie medizinischen Rat einholen
wollen, konsultieren Sie bitte einen qualifizierten Arzt. Der Verlag und der Autor haften für keine
nachteiligen Auswirkungen, die in einem direkten oder indirekten Zusammenhang mit den Informationen stehen, die in diesem Buch enthalten sind.

Ausschließlich zum Zweck der besseren Lesbarkeit wurde auf eine genderspezifische Schreibweise
sowie eine Mehrfachbezeichnung verzichtet. Alle personenbezogenen Bezeichnungen sind somit
geschlechtsneutral zu verstehen.

Originalausgabe
1. Auflage 2022
© 2022 by riva Verlag, ein Imprint der Münchner Verlagsgruppe GmbH
Türkenstraße 89
80799 München
Tel.: 089 651285-0
Fax: 089 652096

Unter Mitarbeit von Stephanie Just.

Redaktion: Sarah Holzwarth
Umschlaggestaltung: Pamela Machleidt
Umschlagabbildungen: Vorderseite: Manuel Krug, Rückseite: Stephanie Just
Abbildungen im Innenteil: Rezeptfotos: Stephanie Just; S. 2, 8, 42, 80, 98, 126, 140: Manuel Krug
Satz: inpunkt[w]o, Haiger (www.inpunktwo.de)
Druck: Firmengruppe APPL, aprinta Druck, Wemding
Printed in Germany

ISBN Print 978-3-7423-2040-7
ISBN E-Book (PDF) 978-3-7453-1797-8
ISBN E-Book (EPUB, Mobi) 978-3-7453-1798-5

Weitere Informationen zum Verlag finden Sie unter

www.rivaverlag.de

Beachten Sie auch unsere weiteren Verlage unter www.m-vg.de